社交中的心理学诡计

易东◎编著

化学工业出版社
·北京·

心理学是研究人们心理现象和心理规律的一门科学，也是一门有趣的、能让人变聪明的学问。社交中的各种问题都与心理学有着千丝万缕的联系，一旦掌握了相关的心理学知识，从中总结应对策略，许多社交难题就能迎刃而解。本书从八个不同的角度向读者阐述了如何利用心理学知识在社交中处处掌握主动权，避免挫折和损失，从而一步一步地实现自己的人生目标，获得事业成功和生活幸福。

图书在版编目（CIP）数据

社交中的心理学诡计/易东编著.—北京：化学工业出版社，2011.5（2024.5重印）
ISBN 978-7-122-10772-5

Ⅰ.社…　Ⅱ.易…　Ⅲ.心理交往-社会心理学-通俗读物　Ⅳ.C912.1-49

中国版本图书馆CIP数据核字（2011）第043426号

原繁体版书名：社交中的心理學詭計　作者：易東
ISBN 978-986-271-041-8
本书中文简体字版由(台湾)华文网股份有限公司授权化学工业出版社独家出版发行。

北京市版权局著作权合同登记号：01-2011-0470

责任编辑：郑叶琳　　装帧设计：尹琳琳
责任校对：边　涛

出版发行：化学工业出版社（北京市东城区青年湖南街13号　邮政编码100011）
印　　装：德富泰（唐山）印务有限公司
710mm×1000mm　1/16　印张$13^1/_2$　字数205千字
2024年5月北京第1版第2次印刷

购书咨询：010-64518888　　售后服务：010-64518899
网　　址：http://www.cip.com.cn
凡购买本书，如有缺损质量问题，本社销售中心负责调换。

定　　价：29.80元　

很久以前，一个部落遭到了外族人的突袭，部落军队严防死守，终于保住了部落，但有几个士兵却落入了对方的手中。被俘虏的士兵们生死未卜，这令部落中的亲人万分担忧。

这些士兵被外族人带走之后便被押进了牢房，外族首领因为战斗失败愤怒不已，下令逼问俘虏们可以进入部落的秘密通道。一连几天，几个老士兵都因严守秘密而丢了性命。这令一个名叫玛奥的小士兵惊恐万分，如果说出秘密就违背部落的原则，即便回到部落也要受到酷刑，如果什么都不说就是死路一条，玛奥绞尽脑汁，痛苦万分。

一天晚上，玛奥得知第二天就要被拷问了，但是他太思念家人了，不管怎样，他想和家人做个告别，怎么办呢？请求一下狱长？看到远处看管他的外族狱长表情冷漠得近乎恐怖，玛奥心里一阵失落。

一会儿，表情冷漠的狱长拿着食物走到玛奥面前，示意他吃下最后一顿食物。接过食物时，玛奥战战兢兢地朝狱长笑了一下，紧张到嘴角抽动。令玛奥没想到的是，很多天一直表情冷漠的狱长竟然嘴角微微上翘了两下，这让玛奥顿时感觉一阵温暖。

玛奥战战兢兢地说道：“您好狱长。”“你好。”他竟然和我说话了！玛奥又试探着说：“我明天就要被拷问了，可以和我聊聊天吗？”就这样，玛奥与狱长三言两语地聊了起来。

最后，玛奥聊到了家人：“我不知道结果是什么，但是我现在非常想念我的家人，我可爱的孩子和年迈的母亲。不管怎么样，我都希望他们健康、平安、快乐……”说着便流下了眼泪。令玛奥没想到的是，狱长竟然也听得流泪了。

狱长静默良久，转身推开监狱地上的一块木板，悄悄说道：“从这里出去就是监狱的外面，没有士兵监守，赶在天亮之前，你快逃跑吧。”在被拷问前的深夜，玛奥逃了出来，见到了日思夜想的家人。

很多时候，再有力量的武器也战胜不了灵机一动的心理战术，再有计划的行动也抵不过一句撼动人心的语言。人与人心理之间的博弈才最有杀伤力和说服力。掌握他人心理，通晓与人交往的心理学，攻下对方的心，你将拥有无穷的力量！

如果你在社交中懂得人人都喜欢赞美的心理需求，就可以在社交中用赞美进入他人的内心，博取他人的好感；如果懂得万事有度的社交心理，你就可以在社交中规范自己的言行，做到在与人交往中不卑不亢，赢得他人的尊重；如果懂得“君子之交淡如水”的社交原则，你就能赢得更多真心的朋友，稳固已有的友情；如果懂得要给上司留足面子的分寸感，你就能得到上司更多的关照，让工作更顺利；如果懂得同事能共事但不能轻易做朋友的原则，你就能与同事和谐相处，在企业里获得好人缘……

每一个人生活幸福、工作成功都离不开与他人的交往。但为什么有些人在人际交往中会如鱼得水、左右逢源，而有些人却举步维艰、进退维谷呢？原因就在于不成功的人一味追求人际关系，却忽视了对人际交往中的心理学策略的运用。其实，想要赢得良好的社交关系很简单，学点心理学策略，在处理人际交往中的种种问题时，就能变难为易，成为赢得人心的社交高手。

着眼于这一点，我们精心打造了这本《社交中的心理学诡计》，书中通过社交陷阱、方法运用和贴心忠告三个小栏目向您展示了社交心理学中的误区、技巧和重要的心理学提示。文中在精彩的故事中体现哲理，在不同的交际方法中总结策略，让你在提醒中完善不足。

书中从提高自身、洞察世事、朋友社交、职场社交等九个方面逐步深入，用通俗易懂但又哲理深厚的语言向您展示了一个又一个的社交技巧。书中用实用易懂的技巧、方法取代了晦涩难懂的专业术语，让您在故事中感悟哲理，在感悟中寻求真理，为您开启了社交中人们的一扇扇心门，让您能够真正走入他人的心中，在社交中轻松掌握对方心理，利用心理学知识在社交中处处掌握主动权，避免挫折和损失，拥有良好的人际关系。在社交中应该避免哪些误区？如何在避免误区中提升并完善自己的社交能力呢？请翻开这本书，您将找到答案！

目录

第一章　玩转心理效应
——了解他人心理的基础

第二章　做最优秀的自己
——认清自己的心理学原则

第三章　世事洞明皆学问
——社交中的心理学原则

第九章 该出手时就出手
——与对手交锋的心理学原则

第一章

玩转心理效应

——了解他人心理的基础

1 首因效应：给他人留下完美的第一印象

我们在与他人第一次见面的时候，心里总会有一个对他的印象，这就是我们通常所说的第一印象或最初印象。

心理学家曾经做过这样一个试验：分别让一位戴着眼镜、手持文件夹的青年学者，一位打扮入时的漂亮女郎，一位挎着菜篮、神情疲惫的中年妇女，一位留着怪异发型、奇装异服的男青年在公路边搭车。调查结果显示，漂亮女郎、青年学者的搭车成功率很高，中年妇女困难一些，而那个男青年则很难搭到车。

这个试验说明：不同的仪表就代表了不同的人，随之就会有不同的机遇。在首因效应的研究中发现：50%的第一印象是由你的外表造成的。你的外表足够清爽整洁是让身边的人决定你是否可信的重要条件，也是别人决定如何对待你的首要条件。

社交陷阱

人际交往中的微妙之处往往与第一印象有关，人们更愿意相信自己的眼睛、耳朵等感官，而不是大脑。直觉做出的判断过目不忘，要想做一个令人过目难忘的人，就要赢得人际交往中完美的第一印象。

人际交往中的排斥与吸引，微妙无比。在第一时间赢得对方的好感，就为以后的顺利交往埋下了伏笔。

下面说几个关于首因效应的案例：

外企公司职员于娜："我和我男友交往了半年后，他父母从老家来看我们。那天，飞机竟然提前到达，而我也因为第一次做主厨，准备晚餐花了比原计划多得多的时间。结果，当他爸爸妈妈进门的时候，我还在厨房里忙得团团乱转。不过因祸得福。听男友说，我在厨房里忙碌的场面，给二老留下了很好的印象。本来他们还担心90年代出生的女孩太娇气，当不了好媳妇，但是我的围裙和套袖，彻底打消了他们的顾虑。"

工艺经理王硕："我在休假时接到通知，公司亚太区技术总监看过我给他的建议后感兴趣，这次来中国安排我和他谈一谈。为了给他留下深刻印象，我没有在私人时间和他见面，而是临时决定加班一天，穿着实验室的白大褂去见他，希望借此给他一种'从工作中过来，会谈结束后，马上回到工作中去'的信息。另外，在谈话过程中，我有意与对方进行目光交流，不躲闪他的对视，以表现出我的自信和不卑不亢。我觉得这次会谈很成功。以后的几次见面，他都能够不用介绍，直接叫出我的名字。"

人事经理刘睿："因为我是从别的公司调任到这个岗位的，我能理解下属对'外来者'本能的排斥，何况有人年龄比我大很多。所以，第一天上班，我特意选了一身比较柔和的淡紫色套装，而不是有些距离的灰黑色。中午，我请办公室的员工，还有生产部的带班经理一起吃饭。饭桌上，我们轻松地相互介绍，聊一些私人话题。等到气氛融洽的时候，我再来介绍我的职业风格和要求。我感觉这顿饭吃得挺值，比一个正式的入职见面会效果好多了。"

这些给人良好第一印象的案例，有些是无意而为，有些是刻意为之，但是不论初衷是什么，都取得了良好的效果。绝大多数人在与他人初次见面的四分钟里，就已经形成了整体印象。因此，你在第一时间给对方呈现出来的思维、表情、仪态、语言、服饰、眼神等印象，虽然零碎，但却会给后续交往带来深远的影响。

方法运用

良好的第一印象需要我们去经营。第一印象的形成50%与外表有关，而服装的颜色又能起到50%的作用。暖色通常让人感到亲切、热情，而冷色则给人严肃感和距离感。40%的第一印象与声音有关，语音、语调、语速、节奏等声音特质都能影响对方的感受。人们通常会在初次见面时格外注意自己语言的运用，但是实际上语言内容对第一印象的影响不足10%。

人际交往中第一印象发生的时间很短，你的一个眼神、一个动作甚至是服装的款式和颜色都会给他人留下不同的印象。如果给他人留下良好的第一印象，当然是皆大欢喜。但是如果你给对方留下的第一印象并不理想，比如第一次见领导，回来发现扣子系错了位置；初次见客户索要对方的名片，却忘了留下自己的；第一次与男（女）朋友的父母见面，却不知道说什么而出现冷场的局面……在实际的生活中，或许是因为疏忽，或许是因为紧张，初次见面留有遗憾是很正常的。如果这个人只是与你擦肩而过，没有机会再次见面，自然也就没有机会也没有必要补救了。但是对于那些有可能继续交往甚至是要经常交往的人来说，补救就显得尤为重要了。系错了扣子，下次见面时仔细检查一下就好了；忘记给对方名片，下次及时递上并表示歉意就可以了；出现了冷场的局面，下次见面之前多做功课，找到一些适宜闲谈的话题就可以了。

弥补第一印象的失误，最重要的就是创造更多的机会，去主动接近那些对你印象欠佳的人，这是消除不良印象最关键的一步。很多人因为害怕对方对自己已经拥有了成见而不敢去主动接触，甚至刻意回避见面机会，这样一来，对方对你的印象会永远停留在第一次见面的时候，也不会对你有所改观。

方法运用

第一印象对人们有着深远的影响，因此不良的第一印象也会在人们心中留下根深蒂固的印记。因而需要大家注意的是，要想修正一个不良的第一印象，需要很长一段时间，你必须有足够的耐心。

贴心忠告

有人说过，要给人好印象，你只需要七秒。要想成功取得初次见面的朋友的好感，你应该注意以下细节。

（1）自信的力量最具魅力

自信是一种自我认同和自我肯定，包括对自己的才干、能力、知识素质以及健康状况等等。你在初次与人打交道时，走路步履坚定、与人交谈谈吐得体、说话时双目有神、目光正视对方……都能给人以自信的感觉。

在与人交往时，你要表现得不卑不亢，既不骄傲自大，也不卑躬屈膝，这样才会赢得他人的尊重与喜欢。

（2）大方得体的衣着

有些人认为穿什么是个人的私事，因此就不修边幅。诚然，穿衣是个人的事，但是如果放在一个特定的环境中，过分地随便或者过分正式就会引起不必要的误解，影响第一印象。

有调查发现，职业形象较好的人，其工作的薪金要比不注意形象的人高出8%～20%。当然，得体的衣着并不是要你用品牌服饰来粉饰自己，而是要在适当的场合穿合适的衣服。

（3）文明的举止

文明的举止涵盖了很多方面的内容，比如语言表达简明扼要，不乱用词语；别人讲话时，不随便打断；不追问自己不必知道或别人不想回答的事情；与他人交谈时保持合理的距离；交谈时不指手画脚……

（4）性别不同，侧重点也不同

在人的印象形成的过程中，男性更依赖视觉。因为远古时代男人以打猎为生，他们在观察环境时，使用的是一种“管状视野”，视线更容易聚焦到某一点。因此，想要给男性留下好的第一印象，整体的外貌最为重要。

女性受听觉的影响更大，她们从一个人说话的语调和节奏中感受对方内心，判断对方的态度和双方关系是否平等。因此，想要给女性留下好的第一印象，就不要吝啬你的赞美。

2　反射效应：你欣赏别人，对方才会赏识你

每个人都希望被别人欣赏，但是被别人欣赏的前提是你首先得学会欣赏别人。一家成功的保险公司经理在谈到成功的秘诀时说：“很重要的一条是：我们欣赏我们的代理人。”欣赏能够给人带来信心，让对方充满自信地面对生活。爱情之所以有巨大的魅力，就是因为相爱的两个人互相欣赏，不但欣赏对方的优点，甚至也欣赏对方的缺点。如果你在一个人的眼里是完美的，那将是一件多么令人兴奋的事情。

北宋时期，大文学家苏轼有一次与佛印禅师一起打坐。苏轼想借此机

会戏弄一下佛印，于是对佛印开玩笑说："大师，我在打坐时，用我的天眼看到大师像是一团牛粪。"佛印回答说："我在打坐时用我的法眼看到你是如来佛祖。"苏轼回家后得意洋洋地告诉了苏小妹，苏小妹听后说："哥哥，你输了，你难道不知道修行时看到的一切外在事物都是内心的投射吗？你的内心是一团牛粪，所以你看到别人也是一团牛粪；佛印内心是如来，所以他看到的是如来。"

这个故事我们也可以这样理解：如果你用挑剔的眼光看别人，那么你看到的全是别人的缺点和短处；如果你怀着欣赏的眼光去看别人，那么看到的就是别人的长处。其实每个人都有闪光点，特别是在一个单位、同一个部门中人与人的交往、生活和工作中更要善于发现别人的长处，学习别人的闪光点，这样一来人与人之间的关系就会更加融洽。

有很多大企业家在提拔一个人之前都会了解这个人妻子的情况。当然，他们感兴趣的并不是她的长相和贤惠与否，而是，她是否欣赏自己的丈夫。如果一个妻子认可自己的丈夫，那么丈夫与她在一起就是愉快的。每天回到家之后，他就能在她的欣赏中得到激励，第二天，他也能积极地面对一天的工作。

社交陷阱

人与人的交往其实就像照镜子，你对他哭，他肯定也是愁眉不展；你对他笑，他肯定也会喜笑颜开。我们怎样对待别人，别人也会怎样对待我们。如果你看到的只是他人的缺点和错误，相应地，对方也不会对你产生任何好感。

培根说："欣赏者心中有朝霞、露珠和常年盛开的鲜花。"学会赏识别人，要有一双善于发现的眼睛，要能从细微之处挖掘出旁人看不到的优点。

方法运用

欣赏能使对方感到满足，使对方兴奋，而且会产生一种做得更好以讨对方欢心的心理。如果一个员工得到经理的欣赏，他肯定会尽力表现得更好；而如果是一个小孩得到别人的欣赏，那他的表现会令人大吃一惊。欣赏别人，可以使自己扬长避短，更健康地成长，同时也使别人对自己更加尊敬。

（1）欣赏，要与众不同

欣赏别人也得懂得一些技巧。首先要尽量去欣赏别人一些他自己不很自信或不被众人所知的优点。如果一个国家级运动员和你第一次见面，你表示欣赏他的运动成绩，除了让他一笑以外，不会产生什么特别的感觉，而如果你表示欣赏他的风度和气质，他会非常高兴。

（2）欣赏，要明确对象

单独对待每个人总能让人有种被欣赏的感觉。当你到朋友家做客，朋友向你介绍了他的三个孩子后，你不是点头微笑而是走过去一一问候，他们马上会对你产生好感。

（3）欣赏，要张弛有度

欣赏别人不要无中生有的妄加赞赏，否则会让人觉得你不怀好意，进而远离你。多欣赏别人的优点，可以发现自己的不足，促进自己进步，使自身的素质得以提升和完善。善于欣赏别人的人，总会得到更多人的欣赏和帮助，创造出一个更加和谐的人际环境。

3　焦点效应：人人都希望成为焦点

焦点效应，也叫做社会焦点效应，是人们高估周围人对自己外表和行为关注度的一种表现。焦点效应意味着人们往往会把自己看作一切的中心，并且直觉地高估别人对我们的注意程度。焦点效应其实是每个人都会有的体验，这种心理状态让我们过度关注自我，过分在意聚会或者工作集会时周围人对我们的关注程度。

你有没有这样的经历？当与初次见面的人一起用餐时，你却不小心打翻酒杯，是不是感觉很尴尬，导致接下来都会小心翼翼？当你逛街时在一家店里不小心摔倒，是不是很长一段时间不会再光顾那家店。这就是焦点效应在作祟。人们总是觉得社会聚光灯对他们格外关注，而事实并非如此。其实注意到你的人并不多，而且即使注意了也马上就会忘掉。但是在人与人之间的交往中，如果你能利用焦点效应满足他人的心理，也不失为一个接近他人的好办法。

社交陷阱

正是因为焦点效应，人们在与人交往的时候往往说的都是“我怎么样怎么样”“我的工作怎么样怎么样”“我的家庭什么样什么样”，这种把自己作为焦点的人永远得不到他人的欢迎。特别是对于陌生人，没有人愿意浪费自己的时间去听别人的事。但是奇怪的是，他们更愿意倾听或者讲述自己感兴趣的话题。

每个人都有期望得到他人关注的心理，要想得到他人的喜爱，我们就可以不失时机地利用这种心理，在交往中时时专注对方的所思所想，让他成为舞台上的明星，而你要扮演的就是喜欢甚至崇拜他的粉丝的角色。

一位推销电器的年轻人，来到一所农舍前敲门。听到敲门声后，对方只将门打开一条小缝，当她看到来人像销售员后，猛地把门关紧。销售员再次敲门，敲了很久，她才又把门开开，仍然是开了一条小缝，而且不等对方说话就开始拒绝。

销售员随机应变，换了个口气说：“太太，我想你是误会了，我来拜访您并不是推销东西的，我只是想向您买一些鸡蛋。”

听了这话，这位农妇的态度稍微缓和了一点，门也开大了一些。销售员接着说：“您家的鸡长得真好，它们的羽毛长得真漂亮。这些鸡大概是多明尼克种吧？您这儿还有储存的鸡蛋吗？”

这时，门开得更大了。农妇问销售员：“你怎么知道这是多明尼克种鸡？”

销售员知道自己的话已经打动了农妇，他接着说：“我家也养了一些鸡，可是像您养得这么好的鸡，我还真没见过。我家饲养的鸡只会生白蛋。可是，太太您应该知道，做蛋糕用黄色的鸡蛋要比白色的好些。我太太今天要做蛋糕，所以我跑到您这儿来了。”

销售员明白只有跟着农妇走，才能将谈话继续下去。销售员利用短暂的时间，迅速看了一眼周围的环境，他发现院子的角落里有一整套务农设备，便对农妇说：“太太，我敢肯定，您养鸡赚的钱一定比您先生养牛赚的钱多。”

这句话把农妇说得心花怒放，因为她丈夫一直不承认这件事，而她总是想把自己的成就与他人分享。

于是她对销售员的戒心消除了，并且把他当做自己的知己，带他参观鸡舍。参观时，销售员不时地发出赞叹，两人畅所欲言，互相交流养鸡方面的经验，他们越来越像认识已久的朋友。当农妇谈到孵化小鸡和保存鸡蛋的困难时，销售员成功地推销出了一台孵化器和一台大冰箱。

我们看一张照片，如果上面有自己，就很快会留意到，并且会关注自己在照片里的形象。如果与朋友聊天，也很容易就把话题转移到关于自己的事情上来。我们与他人接触也是一样，没有人愿意听有关别人的事，特别是对于陌生人，通常会认为这是在浪费自己的时间。但是关于自己的事，我们都很有兴趣。因此，当我们与他人初次接触的时候，谈论的话题一定是有关对方的，对方的衣着、对方喜欢的书、对方办公室的装饰等等都是适宜谈论的内容。

方法运用

当我们在与他人谈论的时候，关于对方的话题要有侧重点，不能看到什么都要说一遍，这样让人容易感觉到你在恭维对方，有企图，就会对你产生警诫心理。

贴心忠告

我们要想利用焦点效应赢得他人的好感，就要让对方感受到被关注。想要达到这样的效果，我们需要注意以下几点。

（1）仿效对方

不知道大家有没有这样的经历：去商场买东西或者去博物馆参观，你看上了一件物品，另一个人也看上了这件物品，你们一边走近这件物品，一边发出啧啧的赞叹，就几秒钟，你们便互生好感，甚至有些英雄所见略同的味道。

我们在与人交往的时候，不妨利用这种心理，可以仿效对方的衣着风格、说话方式、动作等等，都会让对方感觉到亲切。不过，在仿效对方的举止时，不要太过刻意，否则就会让人感觉到你是在取笑他或者故意讨好他而得不偿失。

（2）赠送礼物的小建议

我们在与他人交往的时候，可以用礼物来表示对对方的重视，但是礼物如何送，你知道吗？下面告诉大家几个赠送礼物的小建议：

◆ 对于生活不太富裕的人，你送去的如果是实惠的生活消费品，就可以帮助他贴补家用。因此，较之精美的工艺品，食物更为实用。

◆ 对于富裕者，礼物应以精巧为宜。比如，一枚精致的刻章、一个古朴的烟斗，既能让对方满意，也能节约不少资金。

◆ 对于老年人，礼物要实用。可口的食品、舒适的衣物、保健品等等都是不错的选择。

◆ 对于孩子，要以益智为主。因此，益智玩具、图书画册等能够启发孩子智慧的礼物颇受欢迎。

总之，赠送礼物不在于价格昂贵，而在于对方是否需要。如果你选对了礼物，对方就会感受到你浓浓的关切之情。

4 权威效应：让自己成为众人信服的对象

权威效应，又称为权威暗示效应，是指如果一个人地位高、有威信、受人敬重，那他所说的话及所做的事就容易引起别人重视，并让他们相信其正确性。也就是我们通常所说的“人微言轻，人贵言重”。

权威效应的存在也有其理由，第一就是人们都具有安全心理，即人们总认为权威人物往往是正确的楷模，服从他们会使自己具备安全感，增加不会出错的“保险系数”；其次是人们都有被赞许的心理，即人们总认为权威人物的要求往往和社会规范相一致，按照权威人物的要求去做，会得到各方面的赞许和奖励。

关于权威效应对于人们的影响，有这样一个著名的实验：美国的一所大学里教师讲课时，向学生介绍了一位从外校请来的德语老师，并且告知学生这位外校老师是从德国来的著名化学家。这位“化学家”煞有介事地拿出了一个装有蒸馏水的瓶子，说是他发现的一种化学物质，有一些气味，请在座的学生闻到气味的就举手，结果多数学生都举起了手。本来没有气味的蒸馏水，由于这位“权威”的“化学家”的暗示而让多数学生觉得它有气味。这就是权威心理对人们的影响。

社交陷阱

在现实生活中，我们常常会陷入对权威的迷信中。其实，反过来思考一下，我们也可以利用权威效应来加深他人对自己的印象。

在与他人交往的时候，如果仅仅凭借自己的力量不足以让对方信服，我们就可以用权威人物的话或者事例来打动对方，往往能得到事半功倍的效果。

我们都知道著名的航海家麦哲伦完成了环球一周的壮举，但是你知道他环球一周所需要的经费是谁提供的吗？是当时西班牙的国王卡罗尔·罗斯。环球一周所需要的经费是惊人的，你知道麦哲伦是如何说服西班牙国王的吗？麦哲伦并不是单枪匹马去说服国王的，而是邀请了当时著名的地理学家路易·帕雷伊洛。

当时，由于受哥伦布航海成功的影响，很多骗子都觉得有机可乘，于是就打着航海的幌子赢得皇室的信任，从而骗取金钱，因此国王对一般的所谓航海家都持怀疑态度。但是和麦哲伦同去的路易·帕雷伊洛却久负盛名，是人们公认的地理学界的权威，国王不但尊重他而且非常信任他。路易·帕雷伊洛向国王历数了麦哲伦环球航行的必要性和各种好处，终于让国王心悦诚服地支持了麦哲伦的航海计划。

因为信任地理学家路易·帕雷伊洛，国王才相信了麦哲伦，这就是权威效应的作用。在现实生活中，利用权威效应的例子很多，比如：

做广告时请权威人物赞誉某种产品，在辩论说理时引用权威人物的话作为论据等等。在人际交往中，利用权威效应，就能够达到引导或改变对方的态度和行为的目的。在信息飞速传播的现在，一个平凡人物通过网络平台，也会变得身价倍增，此起彼伏的网络红人也印证了这一效应。

方法运用

你是不是感觉自己的话没有分量，如果是，那就请找一个大家都信服的权威人物，用他的话来证明自己的观点。

贴心忠告

在人际交往中要想让对方信服，除了利用权威人物之外，最有效的办法就是把自己也变为一个权威人物。只有自己变得权威了，你说出的话才更有号召力，也不必为了增加自己观点的正确性而寻找某位权威人物的言论。那么，怎样做才能在人际关系中树立一个权威的形象呢？

（1）树立高大的人格形象

高尚的道理修养是令人信服的最基本素质，要想在人际交往中提高自己的威信，树立自己高大的权威形象，思想道德的修养必不可少。试想一下，如果人们所钦佩的人是一个思想落后、道德败坏的人，那将是一件多么可笑的事情。

我们都知道，一个人只要品质好、做事光明磊落，那么肯定会得到别人的信任。换句话说，在与人交往的时候，只要我们行得正，就会得到他人的尊重。做一个有修养的人，是成为权威人物的先决条件。

（2）丰富的知识和阅历

要想在社交场所吸引他人的目光，我们必须善于学习，不断更新知识，丰富和充实自己。一个有着丰富的知识和阅历的人，才能对人对事有着自己独特的观点，看问题才能客观全面，办事才能细致周到，才更容易取得别人的信任。如果一个人大脑空空如也，人云亦云，不会得到他人的重视，威信自然也不会很高。

（3）掌握为人处世的技巧

或许你有高尚的情操，或许你学富五车，但是如果你与人交往时总是一副清高的模样，还是成为不了人们心中的权威人物。平易近人、谦和谨慎的做人态度才能帮助你树立起权威的形象。

我们在日常生活中，一定要做到不管面对什么人，都要真心实意地相处，那么你肯定会在自己的交际圈中树立良好的个人形象。反之，如果你装腔作势，经常摆出一副高高在上的架子，就不可能赢得别人的好感，更不用说树立威信了。

5 相似效应：人们喜欢与自己相似的人交往

心理学家研究发现，境遇相同或相似的人会相互同情，志趣相同的人也会拥有更多的话题。也就是说，人们更喜欢与自己相似的人交往，这就是“相似效应”。在人际交往中，我们可以利用人们的这种相似心理来打破尴尬。

社交陷阱

“同是天涯沦落人，相逢何必曾相识”的感慨会触动人们的心理，萌生好感。在人际交往中，心理的相似性也显得尤为珍贵，人们也会更愿意去帮助一个与自己有诸多相似之处的人。

你是否与要交往的对象有着相似的经历呢？而这些相似的经历被你合理运用了吗？你要知道，这些相似的经历或体验也许就是你赢得对方喜欢或者得到对方帮助的重要因素。

王蒙在经济危机的大潮下失业了，迫于生计，他进入一家食品公司做起了业务员。他的工作就是拖着一车货物沿着街边小店进行铺货和销售。

一天上午，当他来到一个小店门口，还没等他开口，小店老板就说：“你不要过来，我还没开张，不会买你的货的。”王蒙没有离开而是对店主说："我有点儿累了，想在您这歇歇脚，可以吗？"

店主没有反对，并且给王蒙倒了一杯水。在喝水的时候，王蒙趁店主有时间，便对他诉起苦来："其实，我真是不想做这个工作，每天遭人白眼，又日晒雨淋的，可是有什么办法呢？失业半年多了，生活真是太艰难了。"

"是啊，混口饭不容易。"店主居然搭茬了。就这样，两个人聊了起来。在王蒙准备离开的时候，奇迹发生了。店主买下了王蒙所有的货。

在我们看来，店主前后的态度简直是天壤之别，原因就在于王蒙的一番话勾起了店主之前奋斗的艰难岁月。正是这份惺惺相惜的感动促使店主决定购买王蒙的货。我们在与人交往的时候，一旦有了感情上的共鸣，也就拉近了彼此间的距离。

方法运用

当你在与人交往时，不妨对这个人多了解，看看他的生活经历是否与你有相似的地方。这种相似的经历就是连接两者的纽带。

当然，我们不可能与每个人都有一段相同或相似的生活经历，但是如果你能与对方聊起他们感兴趣的话题，比如对方的工作、爱好、孩子、家庭、身体以及当下重大的新闻事件的见解，也是可以增加对方对你的好感的。你可以通过巧妙地询问和认真地观察与分析来了解对方感兴趣的话题，然后开始引入共同话题。

某公司的汽车销售人员小马在一次大型汽车展示会上结识了一位潜在客户。通过对潜在客户言行举止的观察，小马分析这位客户对越野型汽车十分感兴趣，而且其品位极高。虽然小马将本公司的产品手册交到了客户手中，可是这位潜在客户一直没给小马任何回复，小马曾经有两次试着打电话联系，客户都说自己工作很忙，周末则要和朋友一起到郊外的射击场射击。

后来又经过多方打听，小马得知这位客户酷爱射击。于是，小马上网查找了大量有关射击的资料，一个星期之后，小马不仅对周边地区所有著名的射击场了解得十分深入，而且还掌握了一些射击的基本功。再一次打电话时，小马对销售汽车的事情只字不提，只是告诉客户自己"无意中发现一家设施特别齐全、环境十分优美的射击场"。下一个周末，小马很顺利地在那家射击场见到了客户。小马对射击知识的了解让那位客户迅速对小马刮目相看，他大叹自己“找到了知音”。在返回市里的路上，客户主动表示自己喜欢驾驶装饰豪华的越野型汽车，小马告诉客户：“我们公司正好刚刚上市一辆新型豪华型越野汽车，这是目前市场上最有个性和最体现品味的汽车”……一场有着良好开头的沟通就这样形成了。

方法运用

在寻找共同话题的时候，你应该要特别注意一点：要想使对方对某种话题感兴趣，你最好对这种话题同样感兴趣。因为整个沟通过程必须是互动的。如果只有对方对某种话题感兴趣，而你却表现得兴味索然，或者内心排斥却故意表现出喜欢的样子，那他的谈话热情和积极性马上就会被冷却，这是很难达到良好沟通效果的。

贴心忠告

（1）大众化的共同话题

在一般情况下，人们往往对以下几个话题都比较感兴趣：

◆ 工作，比如在工作上曾经取得的成就或将来的美好前途等。

◆ 主要爱好，如体育运动、饮食爱好、娱乐休闲方式等。

◆ 谈论时事新闻、体育报道等，如每天早上迅速浏览一遍报纸，在与人沟通时首先把刚刚通过报纸了解到的重大新闻拿来与之谈论。

◆ 询问孩子或父母的信息，如孩子几岁了、上学时的情况、父母的身体是否健康等。

◆ 谈论时下大众比较关心的焦点问题，如世界杯的赛事情况、房地产是否涨价、如何节约能源等。

◆ 怀旧，比如提起对方的故乡或者最令其回味的往事等。

◆ 谈论身体，如提醒对方注意自己和家人身体的保健等。

（2）开阔视野，培养更多的爱好

因为我们遇到的人可能有着五花八门的兴趣爱好，因此我们也应该在平时多培养一些兴趣，多积累一些各方面的知识，至少应该培养一些比较符合大众口味的兴趣，比如体育运动和一些积极的娱乐方式等。这样，等到与人沟通时就不至于捉襟见肘，也不至于使他人感到与你的沟通寡淡无味。

6 刺猬效应：保持一定距离是人际交往的王道

两只困倦的刺猬因为冬天的寒冷而相拥在一起，可是因为身上都长着刺，它们只好离开一段距离，但又冷得受不了，于是又凑到一起，几经折腾，它们终于找到了最合适的距离，既保持了温度又不至于被对方身上的刺伤到。这就是所谓的刺猬效应，每个人都有一个属于自己的空间，一旦有人入侵这个空间，就会遭到他人的攻击。

在通常情况下，人们的个人空间需求大体上可以分为四种距离：亲密距离、个人距离、社交距离、公共距离。

亲密距离是指两人的身体很容易接触到的一种距离，一般间隔在15～45厘米之间，甚至可以紧挨在一起，亲密无间。这一距离适用于情人或夫妻间谈情说爱，也适用于父母与子女之间或是很要好的朋友之间谈话。这种距离只有最亲近的人才彼此允许进入，人们会像保护自己的财产一样保护着这个区域。

个人距离比亲密距离稍远一点，一般在45厘米至1米之间。其特点是伸手可以握到对方的手，但不容易接触到对方的身体。通常熟人朋友间的交谈多采用这种距离。在社交场合，某些人为了向对方表示一种亲近感也会采用这种距离。

社交距离的范围比较灵活，近可1米左右，远可3米以上。这种距离通常用于与个人关系不大的人际交往，例如小型招待会上，双方隔几步远打打招呼或寒暄几句便又分开。如果双方相互有吸引力，也可以缩短距离，可灵活掌握。

公共距离是指人们在公共场合的空间需求，除了公共汽车、电梯等特定场合外，一般都在3米以外，如公园散步、路上行走、在剧场前厅等候看演出，还有演讲者与听众、教师讲课与学生之间的距离等。

社交陷阱

我们在与人交往的时候总是希望尽量缩短与对方的距离感，但是不能急功近利，如果你在对方没有接受你的时候就侵犯了他的个人空间，那么你很有可能招致对方的反感，使之放弃与你继续交往。

君子之交淡如水，这是庄子的名言，也是许多人建立友好交往的基本道理。我们在与人交往的过程中一定要保持一定的距离。当然，这并不是让你疏远对方，而是让你学会尊重别人，学会了尊重与理解，结交的朋友才会更长久。

“大家辛苦了，今晚放松一下，尽情喝，尽情唱。”项目经理一说完，整个包间都沸腾了。划拳的、喝酒的、唱歌的，好不热闹。没多久，有几个人已经表现出醉意，因为担心酒后失态，王瑞没敢多喝。

王瑞大学毕业，这是他的第一份工作。今天是一个大项目完成后的庆功会。

“男子汉，放开手脚，喝！”项目经理看出了王瑞的拘谨，向他举起了酒杯。王瑞脑袋一热，接连喝了好几杯，其他同事见他挺能喝，便纷纷与他碰杯，一会儿，他便感觉晕乎乎的。

第二天醒来，王瑞发现自己和衣躺在床上，但他怎么也想不起来自己是怎么回到宾馆的。这才发现自己前一天晚上肯定喝醉了。虽然感到不安，但是过了两天王瑞就把这件事忘了。但是让他意想不到的是，第二次组队，原来的项目经理死活不肯接受王瑞，理由是处世不灵活，应变能力差。

原来那天晚上，王瑞喝醉之后频频向经理敬酒，还拍着经理的肩膀与之称兄道弟，搞得经理心里很不痛快。

酒是经理自己让王瑞喝的，为什么还不痛快呢？没错，经理是让王瑞喝酒，但是并没有认同王瑞可以与自己称兄道弟。人与人之间是要保持一个合理的距离的，尤其是上司和下属之间。虽然王瑞的做法是无意的，但是却触犯了这个底线，难怪经理对他有了意见。

方法运用

人与人之间总是有一定的距离的。距离既是一种物理上的空间感，更是一种心灵上的长度。与对方保持适当的距离，是对其人格与隐私的尊重，也是彼此之间保持良好形象的一种手段。

贴心忠告

与他人保持距离并不难，但是保持适当的距离却不容易拿捏。关于怎样与他人保持距离，有几点建议仅供大家参考。

（1）要尊重别人的隐私

不论多么亲密的人际关系，也应彼此保留一处个人心理空间。人们总以为亲密的人比如夫妻之间、父母与子女之间，似乎不应当有什么隐私可言。其实，越是亲密的人，越要尊重对方的隐私。这种尊重表现为不随便打听、追问他人的内心秘密，也不随便向别人吐露自己的隐私。过度的自我暴露，虽不存在打听别人隐私的问题，却存在向对方靠得太近的问题，容易失去应有的人际距离。

（2）具有容纳意识

容纳意识要求我们尊重个性差异，容纳对方的缺点，谅解对方的一般过错。“水至清则无鱼，人至察则无徒。”清澈见底的水里面不会有鱼，过分挑剔的人也不会有朋友。没有容纳意识，迟早会将人际关系推向崩溃的边缘。

（3）运用距离效应

距离效应是指由于时间的阻隔，彼此间有了距离，一旦把距离缩短，重新相聚，双方的感情便能得到最充分的宣泄。在这里，距离成了情感的添加剂。可见，有时距离的存在也能给人以美的享受。因此，应当培养自己保持一定距离看他人的习惯，同时，也不要时时刻刻把自己的透明度设置为百分之百。内心没有隐秘虽然能够显示自己的坦荡，但也会因此失去了应有的人际距离，无形中为以后的人际矛盾埋下祸根，从而导致人际关系方面出现压力，这种做法其实并不明智。

7 倾诉效应：倾听让你更受欢迎

音律之优美，唯有倾听才能体会；语言之动听，唯有倾听才能懂得；人性之智慧，唯有倾听才会发现。人与人之间的和谐相处，最必不可少的就是倾听。你想要了解一个人，你得学会倾听他的心声；你想成为别人的朋友，你得学会倾听他的烦恼与快乐；你要与别人合作，你得学会倾听他的意见。

倾听的作用无处不在，在家人之间，倾听有助于家庭生活的和睦；在朋友之间，倾听有助于赢得朋友的信任和重视；在同事之间，倾听有助于提高合作效率。总之，在这个人与人之间无时无刻不在进行着各种各样的交流的社会，倾听是一种非常重要的沟通技巧。

社交陷阱

你的侧耳倾听，能够让对方畅所欲言地表达自己的意见和要求。这样一来，你既能满足对方表达自己内心需要的需求，又可以让他们感受到你的关心和尊重。

倾听在我们的日常交往中不仅仅是为了获取信息，更是为了表达对他人的尊重。如果你在他人说话时能耐心倾听，那么你可能因此多了一个朋友。

麦克是一位广告公司的业务员，经常需要与客户洽谈，商议广告的设计方案。但是他的听力有些问题，为了避免遗漏重要内容，每当客户说话的时候，麦克都要集中精力，双眼紧紧盯着客户，甚至连客户一个微小的动作都不会错过。后来，麦克发现这样的实在是太辛苦了，因此就买了一副助听器。戴上助听器之后果然不一样了，麦克很轻松就能听清楚别人说话了。之后的洽谈会上，麦克再也不用盯着客户了，他甚至有时间打量会议室的装修，甚至可以听到会议室外面有人经过的声音。但是这并没有为麦克带来丝毫的好处，因为客户再也看不到那个认真倾听的麦克了。终于有客户忍受不住了。对他说：“麦克，你能把你耳朵上那玩意儿摘下来吗？我想看到那个认真倾听的麦克。”这时，麦克才意识到原来听力不好竟然也是一个优势。

我们常常会有这样的疑惑：我在听啊，你还有什么不满意的？听较之倾听，虽然只是少了一个字，却有着天壤之别。听，只是一种本能，是一种纯粹的生理机能的反应。我们在听的时候，可以很轻松，我们甚至可以说听只是一个工作。倾听就不一样了，倾听是一种不断学习和锻炼的技巧，它具有很强的目的性，需要你集中精力，而且需要你在众多的信息中筛选出有价值的。我们可以说倾听是由听而引发的一系列的连锁反应。

认真有效的倾听会为你带来更多的朋友，因为你的倾听会让他人感觉到自己备受关注。我们在与人交往的时候，为了给他人这一感觉，甚至可以创造机会让对方说。倾听比滔滔不绝地说更能得到他人的青睐。

贴心忠告

倾听看似简单，但却是一门需要不断修炼的艺术，并不是每个人都能做到有效倾听的。我们要想在与人交往时实现有效倾听，就要不断锻炼自己的倾听技巧。

（1）集中精力

集中精力、专心致志地听是倾听最基本的要求。我们在与他人相处的时候，要做好充分的准备，比如心理准备、身体准备、态度准备、情绪准备等等，以一个积极向上的面貌去面对他人的谈话。疲惫的身体、毫不重视的心理、不能集中的精神和消极的情绪都会让你的倾听失败。

（2）有选择地倾听

有选择地倾听与集中精力倾听并不矛盾，因为有选择地听必须建立在专心倾听的基础上。我们在说话的时候不可能每句话都代表了内心的真实想法。人们在谈话的过程中虽然会透露一定的信息，但是这些信息可能是无关紧要的，也可能对整个沟通过程起着至关重要的作用。对于这些信息，你应该在倾听的过程中进行准确核实，一方面以避免遗漏或者误解对方的意见，另一方面还会使对方得到鼓励，他们会因为找到了热心听众而增加谈话的兴趣。

（3）不打断、不插话

一个人如果正说在兴头上，突然被打断了，那么继续说下去的热情肯定会消失殆尽。如果心情不好，还可能会大发雷霆。因此，当他人正热情高涨的讲述时，你可以予以简单的回应，除此之外，切忌随意插话或者接话，更不要不顾及对方的感受随意另起话题。

（4）注意倾听的礼仪

在倾听的过程中，你要尽可能保持一定的礼仪。这样既可以显得自己有涵养、有素质，又表达了你对他人的尊重。例如，在倾听时，要保持视线接触、不要东张西望；身体前倾、表情自然；随时用笔把对方的意见记录下来；不要只做样子、真正做到全神贯注；插话时要请求对方允许、并使用礼貌用语。

（5）积极回应对方

要获得良好的倾听效果，不仅要认真倾听，还必须有回应，比如欠身、点头，或者重复一些重要的句子，或提出几个对方关心的问题。这样，对方才会因为你的专心倾听而诉说更多自己的观点。

如果你只是一味地听，不回应也不适时发表自己的意见，对方就会认为你心不在焉，自然也就没有与你继续交谈的兴趣。

（6）用提问引导他人说话

由于种种原因，有些人常常不愿意主动透露相关信息，这时如果仅仅靠一个人唱独角戏，那么这场沟通就显得非常冷清和单调，而且这种缺少互动的沟通通常都会归于无效。为了避免冷场并使整个沟通实现良好的互动，你可以通过适当的提问来引导对方敞开心扉。你可以通过开放式提问的方式使客户更畅快地表达内心的需求，比如用“为什么……”、“什么……”、“怎么样……”、“如何……”等疑问句来发问。

8　细节效应：关注细节也会获得好人缘

我们都听过一句话：细节决定成败。密斯·凡·德罗是20世纪四位最伟大的建筑师之一，当今美国最好的戏剧院有不少是出自于德罗之手。在被要求用一句话概括自己成功的原因时，他说道：“魔鬼在细节”。他说，不管设计方案如何恢宏大气，如果不能把握住细节，就不能称之为是好作品。细节的生动可以成就一件作品，同样细节的疏忽也可以毁坏一件作品。德罗自己在设计每个剧院的时候，都会精确地测量每个座位与音响、舞台之间的距离以及因为距离差异而导致的听觉感受和视觉感受的不同，以达到每个座位都能获得最好的观赏效果。做设计要关注细节，与人交往也同样要关注细节，关注细节往往会收获好人缘。

社交陷阱

细节能够体现整体的完美，也能破坏整体的完美。在人际交往中，你对于细节的处理很有可能就会令一个人对你的印象有所改观。千里之堤，毁于蚁穴。我们在与人交往中要注意对细节的把握，切忌因小失大。

相信很多人都有这样的经历，自己在做事之前志得意满，但是往往却没有成功。而阻碍自己成功的也并不是什么大不了的事，可能一个微小的细节就让自己失败了。

关于细节的重要性，我们来听听小陈的自述：

那天，我去参加招聘会之前不小心碰翻了水杯，把放在桌子上的简历浸湿了。因为时间紧张，我只是把简历简单晒了一下，便匆匆赶往招聘会。

我看中了一家房地产公司的广告策划主管的职位。按照那家企业的要求，招聘人员先与应聘者简单交流，再收简历，收到简历的人将有机会参加面试。

轮到我时，经过简单的交流，招聘人员向我索要简历。当我掏出简历时才发现，简历上不光有一片水渍，而且在包里已经被揉得不成样子，没办法，我只要硬着头皮把简历交了上去。

三天后，我参加了面试，我的表现非常出色。当面试完走出办公室时，其中一位负责的小姐说我是面试中最出色的。这句话让我非常高兴，但是一周以后我依然没有收到回复，便忍不住打电话询问。结果我得到的答复是："其实招聘负责人对你非常满意。但是你败在了简历上。老板说，一个连简历都保管不好的人，是管理不好一个部门的。你应该知道，简历实际上代表的就是你的形象。"

这时，我才意识到细节是多么的重要。

如果说小陈不能胜任这份工作可能有些绝对。但是就是一份不完美的简历毁掉了自己的形象，其实他本可以做得更好些。要想展示自己的完美非常难，因为这需要每一个细节都很完美；但是要想毁坏自己却很容易，决定事情成败的，有时往往只是一个小小的细节。

方法运用

某人在衣服上别了一个小小的胸针，如果你能及时发现并进行赞美，可能对方会因此对你产生好感；如果你把约会时间由3点30分改为3点35分，可能对方会因为你的精确守时而刮目相看。只要你能在人际交往中多关注细节，就能遇到取得成功的良好机遇。

贴心忠告

人际交往中不能忽视细节，因为很多时候你不知道对方为什么喜欢你或者讨厌你，所以，要想拥有好人缘，就要在人际交往中注意一些细节。

（1）赞美他人不为人知的优势

每个人都有自己非常得意的地方。这些闪光点可能小得只有他自己知道，甚至连他本人都没有意识到。这些小优点可能是擅长做一道美味的松鼠桂鱼，可能是制作精美的手工艺品，可能是有很强的模仿能力。如果你对这些小小的优点加以称赞，他们肯定会非常高兴的。其实，称赞他人不为人知的优点比夸奖人人皆知的优点更有效果。

小处也能做大文章。要想赢得好人缘，就要用心去挖掘和赞美他人的小优点。不要看其小，真正做到了也是一件了不起的事。如果你真的做到了，那你的人缘一定非常好。

（2）记住他人随口说过的话

我们每天都会说很多话，但是并不是每句话都有着重要的意义，有的话说过了就被抛之脑后。但是如果我们能在这些人们随意说过的话上做文章，可能会有意想不到的收获。如果你适时地提起他以前说过的话，比如："你以前说过……我觉得非常对，至今记忆犹新。"听到这样的话，对方一定会因为受到你的重视而高兴万分。他会认为你是一个细心的人，一个关心他人的人。

（3）用细节修饰自己

当我们与人交往时，要学会利用一些细节塑造好的印象。比如：

◆ 当你在与别人交谈时，不妨扬起眉毛，严肃时瞪大眼睛，疑问时率直询问，听完后简单复述。这样一来，你就会给对方留下头脑灵活、善于表达的印象。

◆ 对于别人的邀请，如果你能拿出本子，认真记下时间和地点，就会给对方留下讲究信用的印象。

如果你懂得用细节修饰自己，就能为你的交际锦上添花。

（4）关注他人的小变化

没有人不愿意接受别人的关心，也没有人会反感关心自己的人。因此，想获得好人缘，你应该将自己对别人的关心适当地表达出来。如果你发现对方的穿着、发型等出现了细微的变化，最好要立刻指出。如果对方换了新发型，你说："这个发型很适合你，真漂亮，你在哪家美发店做的啊？"对方一定会非常高兴地接受你的关心并对你产生好感。特别是对女性，这是一条赢得其好感的妙计。

第二章

做最优秀的自己

——认清自己的心理学原则

1 给自己一个客观的评价

在纷繁复杂的社会中，每一个人都渴望成功，也渴望能够更多地获得别人的尊重和崇拜，但是事实却往往不尽如人意。常言道："知己知彼，百战百胜"。所以想要赢得成功，首先就要对自己有一个客观的认识，只有了解了自己，才能与别人进行对比。不了解自己，即使再了解别人也没有任何意义，因为你已经失去了了解别人的必要。

了解自己最重要的是了解自己的优点和缺点。但在现实生活中能真正认识到自身优点和缺点的人并不多。自卑者常常看不到自身的优点和长处，而自负者也很难发现自己的缺点和不足。

社交陷阱

如果你把目光都集中在自己的缺点上，忽略优点，人生就会黯然失色；相反，如果你只是看到自己的优点和长处，就会变得狂妄自大。不能给自己一个客观的评价，不能正确认识自己的优缺点，自己就很难得到提高。

常言道："人贵有自知之明"。人和人的主要区别在于思想和行动的不同。面对自己，如果你只看到自己的缺点、不足，你将会悲观绝望，停步不前；只看到自己的优点、长处，你就会狂妄自大，找不到自己人生的方向。每个人都有自己的优缺点，正确认识自己，给自己一个客观的评价，才能找到人生的方向走上成功的道路。

方法运用

人要有自知之明，要对自己有客观的认识和评价，在此基础上，合理安排自己的工作和生活的奋斗目标，不对自己提出过高的、不切实际的期望，也不低估自己的素质和潜力。这样才能避免产生心理危机，充分发挥自己的能力。

认识自己往往比认识别人更难。认识别人，你是站在客观的角度以客观的标准去衡量的；但认识自己却不一样，认识自己受到主观意识的支配，增加了认识的难度。那么我们该如何做到客观认识自己呢？下面的方法告诉你：

（1）客观分析自己

客观分析自己，首先要保持一份平静的心态。首先要了解自己的客观情况，之后根据自己的客观情况，分析出自己的优势和劣势，这样才能找到属于自己的路。自己的客观情况主要包括：

◆ 我的长相如何，如：容貌、身材、风度等。

◆ 我的气质和性格类型，如：多血质、胆汁质、黏液质、抑郁质或性格开朗、内向等。

◆ 我的性别行为模式如何，如：是否具有男子汉气概或贤妻良母的品质等。

◆ 我的思想和品德如何，如：是否被社会的普遍道德标准所认可等。

◆ 我的能力如何，如：在同辈人中我属于什么水平等。

◆ 我在人们心目中的地位如何，如：是否为社会所需要和重视，为他人所喜爱和尊重等。

（2）进行自我反省

现在人们常用的一句口头禅是："我忙死了"。随着社会的发展，人们确实整天忙忙碌碌，以至于忽略关照自己内心的世界。一个真正有成就的人只要有时间停下来，就会进行自我反省。比如问自己一些问题：你到底是在忙些什么？你是否失去了自我？你是否真的在向既定的目标前进？

古人云："吾日三省吾身"，作为一个现代人更应该自觉地、经常地进行自我反省，认真分析自己做人、做事的得与失，不断总结人生经验。这样才能更加准确地认识自己，在以后的人生道路上越走越稳。

（3）以人为镜

唐太宗说："夫以铜为镜，可以正衣冠；以史为镜，可以知兴替；以人为镜，可以明得失。"在现代生活中，能做到一日三省吾身，去发现自己的缺点的人想必不多，于是人往往需要在外界的折射中来认识自己，看清自己。

以人为镜，就是把别人的成败得失作为自己的借鉴，通过观察他人的行为，对自己进行告诫："有则改之，无则加勉"。这样，想要达到客观评价自己的目的也就不难了。

（4）多听取他人的意见

所谓："旁观者清，当局者迷。"仅仅凭借自己对自己的认识，很难真正做出客观的评价。你多听取别人的意见，发现自己看不到的自身缺点和问题，改变不利的观点，再结合自身积累的经验，这样才能克服各种遭遇的阻拦，奋力向前，实现你的梦想。

（1）坚持自己

每个人在社会中生活都要坚持以正确的理念和态度来对待别人，在别人的建议中不断地修正自己，以积极、健康的人生态度和为人处世的方法适应社会、适应他人。但同时，也要有一定的独立性，不做人云亦云的应声虫，做人要有自己的个性与追求，要明白我们不是为了他人的评价和期待而活着。自己一旦选定了做人的原则和生活的目标，就要坚定不移地走下去，不怕别人的议论，正所谓："走自己的路，让别人去说吧"。

（2）用发展的眼光看自己

事物总是发展变化的，没有一成不变的事物，而每个人也都在不断的变化中，个人自身的优点、缺点也会随着改变。因此，我们在全面认识自己的同时，还要用发展的眼光看自己。通过不断改正缺点来完善自己，要在变化的同时使自己不断地得到提高。

（3）灵活运用自己的优缺点

人要学会根据不同环境，灵活应用自己的优缺点。学会扬长避短，以优点来应对客观环境。如果环境不允许，那么应首先思考一下二者之间的关系，如果没有回避缺点的可能，那么适时地自嘲也能帮你平安渡过难关。

另外还可以运用"以优补缺、以缺护缺"的策略。前者是在无法回避时的补强措施，避免一直处于挨打的地位；后者则是为了模糊你自己，避免成为被攻击的目标，并且降低别人对你的戒心，因为你让他们看到了你的缺点，示弱有时也是一种策略。

2 展示自我，树立自己的完美形象

在人际交往中，人应该善于表现自己。在人们的思想深处一向以“谦逊”为美德，以至于大多数人都不习惯大大方方、直接地表现自己，同时也对他人的“争强好胜之心”常常存有非议。

其实人生是一个发展的过程，它包含着两个相互联系、相互渗透的方面：一个是建构自己，它是指人对自身的设计、塑造和培养；另一个是表现自己，也就是把人的自我价值显现化，获得社会的实现和他人的承认。由此可以看出表现自我绝对称不上是什么错，恰恰相反，善于展示自我的人往往能够赢得更好的人际关系和更好地实现自身的价值。

但是万事有度，善于展示自我是通过合理的途径和运用恰当的方法来展现自我的能力和优势，而不是表现欲过强，甚至通过做坏事或不合理的手段引起他人的注意。

社交陷阱

有技巧地展现自我，可以为你的人际关系加分，但是如果表现过度，让对方看出你的表现欲过强，看出你的一举一动都是为了表现，那么不仅不能赢得他人的好感，反而会让别人轻视你，甚至还会影响你正常的人际交往。

善于展现自我可以让你在展现自我的同时赢得他人的好感，为自己树立完美的形象。但是不讲分寸，没有技巧地表现自己，有时往往适得其反。

有这样一种人：他们看起来性格非常开朗并善于高谈阔论，有时甚至因为一件小事就放声大笑；他们经常吹嘘自己的朋友很多，但实际上周末却经常窝在家里；他们也时常把自己说得好像无所不能，但实际上却往往能力平庸。这样的人往往就有很强的表现欲。他们刻意在人前表现自己，想通过这种方式引起他人的注意。殊不知，这样的行为不仅不能赢得他人的好感，甚至还会影响自己正常的人际交往，给自己和别人都带来不必要的麻烦。

总体看来，表现欲过强的表现主要有以下几种：

- 表情夸张，装腔作势，情感体验肤浅。
- 常以自我为中心，强求别人符合他的需要或意志，不如意就给别人难堪或表现出强烈不满。

◆ 需要别人经常关注，为了引起注意，不惜哗众取宠，危言耸听，或者在外貌和行为方面表现得过分吸引他人。

◆ 说话夸大其词，掺杂幻想情节，缺乏具体的真实细节等。

这样的表现在人际交往中都是应该避免的，展示自我的目的是为了树立自己完美的形象，而不是为了表现而表现，这在人际交往中是需要引起注意的。

方法运用

想获得成功的机会，就要善于表现自己。展现自己的才华和能力是为了赢得他人的好感，树立自己的形象，通过合理的途径和运用适当的方法，把自己完美的一面展现出来，这样才能在别人心中树立完美的形象，为自己赢得良好的人际关系。

实际上，每个人都是很优秀的，在别人看来的“不聪明”，实际是因为不善于展示自己的优点。善于展现自己，这一点战国的毛遂就做得非常好。在国家危难时，他自己推荐自己，凭借着自己的三寸不烂之舌不仅说得楚王心悦诚服，答应马上出兵，而且还留下了“毛遂自荐”的好名声。所以，人应该善于表现自己。

那么如何才能做到既合理展现自我又避免表现过度呢？下面我们总结了一些方法帮你做到这一点。

（1）关键时刻展现价值

当工作或生活中出现了一些问题时，你要敢于挺身而出，正所谓：“关键时刻见人心。”同理，关键时刻也是你展现能力的绝好时机。在别人犹豫不决或毫无办法时，如果你能把问题很好地解决，那么在别人心中你的能力就会被认可，而且还能为自己赢得“临危不乱，能力优秀”的良好印象。

（2）让别人注意到你的优点

人人都对自己的优点心知肚明，但仅仅自己知道还远远不够，想要展现自我就要让别人也注意到你的优点。

（3）敢于展示自我个性

所谓个性就是个别性、个人性，就是一个人在思想、性格、品质、意志、情感、态度等方面不同于其他人的特质，这个特质表现于外就是他的言语方式、行为方式和情感方式等等。任何人都是有个性的，也只能是一种个性化的存在，个性化是人的存在方式。

而在社交中，想要展现自我就一定要敢于展现自我的个性，把自己的真性情通过行为表现出来，这不仅能让别人感受到真实，还能真实表达自己的感受，为自己树立起良好的社交形象。

贴心忠告

（1）幽默让你更受欢迎

人们常有这样的体会，疲劳的旅途上，焦急的等待中，一句幽默，一个故事，常能使人笑逐颜开，疲劳顿消。幽默能让你乐观地面对生活；幽默能让你的生活多姿多彩，充满自信。你的幽默感还能感染周围的人，使他们的生活充满欢声笑语。学会幽默，你便拥有了受大家欢迎的第一大资本。

在社交中多些幽默的言语，也是展示自己的一大技巧和方法。幽默本身就是一种智慧，更是一种社交技巧。具有幽默感的人，在人际交往中还会表现出积极乐观、平等待人、与人为善等各种优秀的品质。

（2）给别人自我展现的机会

在人际交往中，只有你给别人机会，别人才能给你机会，同样地，想要展现自己，也要给别人自我展现的机会。如果遇到你和别人都想展现自己的能力的情况，这时你不妨谦让一下，如果急功近利，因为和对方争抢机会而闹得不可开交，错失机会不说，往往还会影响两人之间的友好关系。谦让对方，给别人展现自我的机会，那在外人的看来你是一个懂得谦让，很有风度的人，而在对方心中也会对你的谦让心怀感激。这样一举两得，何乐不为呢?

3 不做“钻牛角尖”的傻瓜

在遇到问题时，专注的精神和重视的态度可以激发人们的灵感，让人们心无旁骛地思考、行动并全力以赴地解决问题。这种思考方式可以让人们更好地在人际关系中处理好与身边人的关系。但是在这个过程中，有少数人却进入了一种恶性循环，陷入“钻牛角尖”的怪圈之中。

爱“钻牛角尖”的人大多性格固执、做事执着，但是他们积极向上、喜欢独立思考问题。这样的人有很多时间东想西想，所以就会觉得芝麻小事都十分重要的，产生如果手头这件事解决不了，其他事也会受此影响的感觉，于是就把全部精力投入到这件事，一旦不能达到目的，连同其他事也会失去兴趣。

“钻牛角尖”主要表现为在一件没有解决办法或毫无价值的事情上纠缠不休，而且自以为是，做事不听别人的建议等。这样不仅无法让人们得到满意的结果，反而使很多事情在头脑里纠缠不清，令自己苦恼不堪，如同钻入“牛角”，路越走越窄。过于专注也不是一件好事，专注也是有条件的。

社交陷阱

一个人把握不好专注的度，太过专注一件事或一个人，就会钻牛角尖，变得偏执，纠缠不清。这样的人一意孤行，不愿考虑别人的建议，也意识不到自己的错误，很难得到大家的喜欢，甚至有些人为此付出很惨痛的代价。

在生活和社交中，有些人把握不好专注的度，经常会发生一些不必要的麻烦。如一个人很注重和朋友的关系，主动帮助朋友解决问题，重视朋友的感受，这自然是好事。但是如果过于重视，在朋友的感受和反应上投入的精力太过专注，就会胡思乱想。朋友一个不经意的反应就令他思前想后，担心是不是对自己有什么意见，于是和朋友吵架想弄明白朋友说的话到底什么意思，最后形成矛盾。虽然想处理好关系，但却由于过于专注这种关系，钻了牛角尖，让情况越来越糟糕。

“钻牛角尖”的人往往意识不到自己的问题，还常常抱着固有观念和思维模式不放手，一旦进入这样的状态，轻则会使问题复杂化，重则会为此付出很惨痛的代价。

有这样一则名为《牛角尖中的老鼠》的寓言故事就很形象地说明了“钻牛角尖”的不利后果。故事中，一只老鼠钻到了牛角里，跑不出来，但是却还拼命地往里钻。牛角好心地劝老鼠出去，告诉他越往里路越窄，而且前方已经没有回头路了，但是老鼠不听，还依然往前钻。牛角为老鼠百折不回、永不后退的执着感动，同时也为它选错了道路而悲哀。于是就又一次好心提醒老鼠说：“你这样的执着精神没错，但是你却选错了道路，你还是出去吧，前面没有出路，等着你的只有死亡。”但是老鼠依然坚持自我，妄想凭借自己打洞的天性钻出牛角，但是最后等待它的确是被活活闷死在牛角中的结局。就这样，这只老鼠为钻牛角尖付出了生命的代价。

方法运用

如果到了时间还没有结果或结果不理想，那么就要停下来或是想别的办法解决问题，避免陷入“钻牛角尖的怪圈”。在处理人际关系时，要懂得变通，不要过于固执地坚持自己的观点，但也不要过于注重别人的言行。适度调整，会让你更加轻松、快乐。

生活中，“钻牛角尖”的人也经常苦恼，但是又无法改变这样的状态。下面介绍一些行之有效的应对方法。

（1）给专注一个期限

专注地对待一件事情，往往能有意想不到的收获。但是过度的专注也会带来不必要的麻烦，给专注一个期限，每当到了那个期限就让自己停下来分析一下，这样审时度势才能更好地解决问题，从而避免陷入“钻牛角尖”的怪圈。

（2）要树立正确的目标

“钻牛角尖”的人不缺少目标，但是却缺少一个正确的目标。对于这样的人来说，树立一个正确的目标是非常重要的。他们都是执着的人，一旦认准一个目标，那么就会长久地坚持下去。如果能提前树立一个正确的目标，那么“钻牛角尖”的人凭借比其他人更加执着的努力，更容易达到目标，获得成功。

（3）要拓宽思路

拓宽思路是应对“钻牛角尖”的一个重要方法。在平时生活中要注重对问题的理解，拓展自己的思路，让思考变得更加全面。平时要多看书，多思考，多总结，这些对开拓思路都有很大帮助。

（4）练习发散性思维

发散性思维是对同一问题探求不同解答的思维过程，思维方向分散于不同方面进行思考。这对于“钻牛角尖”的人来说也是一种很好的避免问题的方法。在拓宽思路的基础上应多加练习发散性思维，这样才能更好地避免“钻牛角尖”问题的发生。

（1）适当接纳旁人的建议

所谓“当局者迷，旁观者清”，“钻牛角尖”的人通常意识不到自己的问题，这时旁人的意见就显得尤为重要了。听旁人的建议可以正确地认识到自己所处的位置，适当接受旁人的建议可以更好地帮助自己解决问题。在遇到问题时，你应适当听从旁人的建议，时刻纠正自己的目标和行动，适时反省，给自己正确定位。

（2）凡事自己要分清主次和目标

在遇到问题时，可以把想要达到的目标细化成小目标，然后有层次、有重点地进行一一突破，这样用明确的小目标规范思路，分清主次，就可以避免被一些无关紧要的小事影响。从而更有效地避免“钻牛角尖”现象的发生。

（3）避免“钻牛角尖”并不代表放弃专注精神

为避免“钻牛角尖”放弃专注的精神，这是另一个误区。避免“钻牛角尖”并不代表放弃专注精神。在解决问题或人际交往中，适当的专注可以更有效地提高效率，解决问题。专注的精神并没有错，错的是过于专注或专注对象的偏差。掌握好适度的原则，确定一个明确的目标才是避免这一问题发生的方法，而不是放弃专注精神。

（4）心动不如行动

行动才能成功。如果只是将“不钻牛角尖”挂在嘴上，而不是通过实际行动来改变这种思维方式，那么这一问题依然得不到解决。下面提供几种方法来帮您更好地实施行动。

◆ 面对一个问题寻找不同的解决方法。如：一题多解。

◆ 面对同一事物思考不同用法。如：思考曲别针的不同用途。

◆ 从不同角度思考问题。如：从朋友、亲人、同事等不同角度思考一件事情。

◆ 增强自己的求知欲。如：遇到问题多问几个为什么。

4 谦虚常在，自我膨胀会让你人见人烦

一个自信的人拥有比别人更多的精力和干劲，也能够在别人的怀疑声中坚持自己，相信自己，战胜困难，走向成功。但是一个人盲目自信，表现出来的自信心超出本人的实际情况，就将演变成自大和自负。

中国人通常都喜欢谦虚的人。谦虚是一种美德，是进取和成功的必要前提，也是一个人社交成功的基础。但是由于对自信学说的盲目跟从，一些人忘掉了谦虚的意义，盲目的自大自负，自我膨胀，变得自以为是，令身边的人非常反感，人际关系也越来越糟糕。

想要赢得身边人的喜爱，每一个人都应该给自己一个正确的定位，在自信的基础上保持谦虚的美德，让自信发挥应有的魅力。

社交陷阱

自信能给人带来能量和动力，使人们在人际交往中充满魅力。但是如果一个人过于盲目地追求自信到自我膨胀，将会变得狂妄自大，自信的魅力也将荡然无存，取而代之的是旁人的厌恶和人际关系的恶化。

自我膨胀的表现有：在工作上有点小成绩就开始目中无人，不尊重同事；生活上有了点小起色就看不起别人，对别人的生活指东道西等。

其实，人们自我膨胀只是一种自我感觉，别人并不这样看。你工作有了成绩，办事有了本事，生活有了进步，那只是你个人的东西，与别人无关。在取得成绩时可以自我欣赏，但是自我膨胀就显得愚蠢，拿自己的成绩作为炫耀的资本，往往会招来别人的反感和轻蔑。

有这样一则故事，一个卖油条的小伙手艺出众，炸出的油条又香又脆，而且脸上总是挂着自信的微笑，每天的生意也非常红火。开始时，

他听了大家的赞赏总是心存感激，并会根据客户提出的建议努力改进，总能满足顾客的要求。但随着听到的赞赏越来越多，他开始变得自大起来，觉得只有自己炸出的油条好吃，在平时生意中，对提意见的顾客横眉竖目，对老顾客也少了以前的热情。后来大家对小伙的印象越来越差，最后来买油条的人越来越少。他的生意日渐萧条，最后只得关门了。

这个故事听起来很可笑，但是细细品味，就能有所感悟。一个人如果过度自信到自我膨胀，不仅失去了自信的魅力，也会因为自大自负而招致别人的厌恶。

方法运用

在人际交往中，过度自信到自我膨胀会令你失去自信的魅力，不懂谦虚的自大表现将令你人见人烦。在面对他人时，你要把握好自信的度，充满自信，但不要过度自信，更不要盲目自信，在自信的同时不要忘记谦虚，这样你的自信才充满魅力，你才能因自信博得他人的喜爱和欢迎。

自信到自我膨胀的人往往对身边的人态度高傲，觉得谁也不如自己，这种妄自尊大的心态对人际交往毫无益处。要想获得旁人的喜爱，你就要在自信中带上谦虚的美德，向人们呈现一个自信且谦虚的你，这样你才受人喜爱且受人尊敬。

19世纪法国有一位名叫贝罗尼的名画家。有次他去瑞士度假。一天他来到日内瓦湖边写生，旁边来了三位女游客，她们一边看一边对贝罗尼的画指手画脚，一会说这里不对，一会又说那里不好。贝罗尼在听完后，经过思考把不好的地方一一都改了过来，在离开湖边的时候还很谦虚地对那三位女游客表达了谢意。

第二天，他又来到湖边写生，恰巧又碰到了那三位女游客。三位游客也认出了他，随后就与他攀谈起来：“先生，我们听说大画家贝罗尼也在这里度假，而你也是画家，请问你认识他吗？知不知道他在什么地方？”贝罗尼听后朝他们微微弯腰后说：“谢谢您的赞誉，不敢当，我就是贝罗尼。”三位游客听后都大吃一惊，最后都不好意思地离开了。在此之后，贝罗尼就给人们留下了一个谦虚的印象，而他本人也因为谦虚在绘画之路上取得了更大进步。

贴心忠告

（1）谦虚不等于自卑

谦虚指不自满，肯接受批评，并虚心向人请教。为人虚心，不夸大自己的能力或价值，但并不代表自己没有能力和价值。在取得成功后，要给自己一个准确的定位，要认清自己的位置，在谦虚的同时，也要肯定自己的能力，抱着这样的想法才能够更好地认清自己，提升自己。

（2）谦虚有度

谦虚要有度，过于谦虚容易给人虚伪的感觉。一个为人真诚，做事认真的人，总是会获得大家的好感，而一个虚伪、不真实的人，就难以博得他人的信任，甚至让人厌恶。所以谦虚也要有个限度，适当地表现你的谦和与虚心，才能让身边的人更敬重你。

（3）尽快为自己制定更高的目标

在取得一些成绩后，要尽快为自己制定一个更高的目标，避免自己过度沉浸在过去的成功之中不能自拔。为自己尽快制定更高的目标，这样不仅有利于思想的转移，还能有效避免自己沉溺于成功中不能进步。

5 守住自己的秘密，就是避免不必要的麻烦

对男人来说，可以相互分享秘密的兄弟叫“铁瓷”，对女人来说，可以相互分享秘密的姐妹称“闺蜜”。一般来说，这样的关系都非同寻常，好得不得了。可以相互分享秘密代表着真诚和相互信任，但是一个人如果将这种相处方式用在普通的人际交往中，往往会给自己带来许多不必要的麻烦。

通常来讲，随便向别人透露秘密的行为容易给别人留下不谨慎、没有原则的印象，给人一种“也许他的秘密全天下的人都已经知道了”的感觉，难以赢得他人的信任，更会令别人说三道四，怀疑你的人品。在社交中，懂得守住自己的秘密，就是避免不必要的麻烦，给自己良好的人际关系铺平道路。

社交是一种生存技巧，它与经营友谊的定义完全不同。将秘密与好朋友分享能加深友谊，而将个人秘密随意透露给他人，是一种不负责任的表现，不仅难以获得对方的信任，反而会因“到处撒密”失去威信，成为不被人重视的对象，给自己徒增很多不必要的烦恼。

在社交场合中，学会守住自己的秘密，不轻易透露自己的个人秘密，是对自我的一种保护。这样的处世方式反倒容易被人接受，让别人觉得你是一个有原则和值得信任的人。

特别是一些刚刚走进社会的年轻人，希望通过将秘密告知对方的方式拉近彼此之间的距离，殊不知，这样只能适得其反，难以赢得对方的信任。有这样一个案例就非常形象地说明了这个问题。

苏珊是一个刚刚大学毕业的女孩，经过一番努力终于进入了一家自己满意的企业，虽然职位不高、薪水不多，但是苏珊认为：只要想办法和企业里的老员工搞好关系，努力做好工作，就一定能获得大家的认可。

在公司里，苏珊与每个人打招呼，与同事、上司交流时也非常真诚，有什么说什么。一次上午，苏珊因为本职工作的疏忽遭到了上司的批评，这让苏珊很难过，一直到晚上下班，苏珊还没有吃饭，一个同事看到苏珊闷闷不乐的样子，关心地问她：“怎么了？这么垂头丧气的？晚上有个同事过生日，一起去吧！”

苏珊想：这不正是个融入集体的好机会吗？于是苏珊欣然接受。在生日宴会上，因为都是同事，没有上司参加，苏珊显得很轻松，与同事闲聊中，苏珊将上司批评自己的事情说了出来，大加抱怨，认为上司的做法太过分，还说了一些对上司不恭敬的话，听到同事们劝慰的话语，苏珊很开心，她以为自己与同事的关系更好了，但结果却并非像苏珊想得那样。

第二天上班后，同事们对苏珊都表现出一种距离感，纷纷一副唯恐避之不及的样子，这让苏珊很不舒服。后来苏珊与同事间的关系越来越疏远，以至于影响到了苏珊的正常生活，最后迫不得已，苏珊主动提出了辞职。

只有自己守住秘密，才不会让别人有机会用它伤害你，也才能更好地避免一些不必要的麻烦。

在日常生活中，说话要分场合，有分寸。在与人交流的过程中，要保守自己的秘密，要时刻提醒自己“言多必失”。守住自己的秘密，严防“祸从口出”。

在生活中，万事有度，个人隐私就更不能随便出口，避免“祸从口出”。那么要如何避免这一问题呢？

（1）学会选择谈话话题

谈话的话题有很多，如：工作、学习、社会、生活等等。在人际交往中，学会利用不同的话题进行交谈，也是非常重要的。比如选择一些社会热点或众所周知的话题进行探讨，也可以适当地发表自己的看法，这样避开敏感或私人的话题，就可以很好地避免涉及个人隐私。

（2）选择多层面话题交谈

由于每个人的心理特点、脾气秉性、语言习惯等不同，对于语言的理解能力也不同。面对不同的人，你需要选用不同的话题来进行交流，避免狭隘单一的话题，这样就能避免把话题转移到自己身上，从而避免谈及敏感话题。

（3）三思而后言

想要避免“祸从口出”，就要在说话之前考虑清楚，要明白自己想说什么、该说什么。很多人往往心直口快，根本没想到自己所说的话会带来的后果，往往给自己或他人带来负面影响。因此说话不能不经过大脑，在话说出口之前，要学会思考。三思而后言，这样才能更好避免问题和矛盾。

贴心忠告

（1）换诉说为倾听

有位名人说：“上帝让我们长一张嘴巴两只耳朵，就是让我们少说多听。”在人际交往中，没有人喜欢口若悬河的人，但都不反感善于倾听的人。倾听不仅能让自己闭上嘴巴，避免“祸从口出”，也能了解到他人更多信息，更好地拉近与他人的关系，为自己减少麻烦。

(2) 用自制力封好嘴巴

自制力就是指一个人控制自己思想感情和举止行为的能力。人可以按照一定的目的，理智地控制自己的感情和行动，通过增强自制力来封好自己的嘴巴，守住秘密。

要培养自己的自制力，你首先要心里装得下事情，不要有点小事就忍不住表露无遗，否则你不仅容易泄露自己的秘密，而且还会给别人留下不干练、没原则的不良印象，从而被身边的人疏远。要更好地控制住自己的欲望，守住自己的秘密，从而避免不必要的麻烦。

(3) 守住秘密不等于闭口不言

在人际交往中，守住秘密并不代表闭口不言。在保守自我秘密的同时，你与身边的人仍然需要通过沟通来增进关系，千万不要因为保守秘密而陷入闭口不言的误区。

在交往中，可以选择一些无关紧要的话题进行交流，转移自己身上的话题，这样就可以避免“祸从口出”。

6 尖酸刻薄会屏蔽所有想接近你的人

人人都担心被别人伤害，在与人交往时，一些人会给自己先穿一层防护衣，总是先要求别人满足自己，动辄指出对方身上不合自己心意之处，发泄不满，更不愿轻易对别人付出，等到发现对自己非常安全后才放下警惕。但殊不知这段“检查人心”的过程早已给对方留下了尖酸刻薄的印象，令原本想接近你的人远离你。

社交陷阱

面对复杂多变的社会保有一些警惕之心固然没错，但是如果一个人因为担心被伤害就表现得处处尖酸刻薄，唯恐自己利益受损，对身边的人要求颇多，如同周身长满了刺，只会让那些想接近你的人望而却步，从而难以建立正常的人际关系。

尖酸刻薄的人通常说话带刺，待人冷酷，而且说话不给人丝毫回旋的余地，所以给人一种没有人情味，不懂人情世故的感觉。这样的人在人际交往的过程中往往让人厌烦，也会阻断自己的后路，最终失去朋友、众叛亲离。

现代社会离婚率越来越高，我们姑且不去探讨是谁的问题居多，但是尖酸刻薄的语言一定是诱因之一。随着现代社会压力越来越大，人们的身心越来越疲惫，人们总是想在家庭里获得更多的理解和包容。但是如果只是希望从婚姻中索取更多，以慰藉自己的心灵，在与对方相处时不愿付出，甚至在发生问题时表现得尖酸刻薄，就会使双方关系恶化，最终影响夫妻感情甚至导致婚姻破裂。

在平时的人际交往中，对他人尖酸刻薄并不能让你得到更多，相反会令你损失巨大。别人将因你的冷漠和索取而不愿靠近你，即便是最初喜欢你的人，也会渐渐远离你，使你的人际关系网越来越小。

方法运用

要想获得别人更多的关注和付出，你首先要善于接纳和给予，用宽容的心对待每一个人，不求索取地善待他们，包容他们的缺点，原谅他们的失误，建立一个宽容、友好、温和的个人形象，这样你才能赢得别人的信任，拥有吸引人的魅力和磁场。

现代社会，越来越多的压力，让人们生活的脚步越来越沉重，所以人人都希望与有包容心、大度的人相处，对尖酸刻薄的人只会敬而远之。但是人人都有压力，都会遇上烦心事，我们应该怎样调节自己给别人留下良好的印象呢?

（1）遇事冷静，避免浮躁

浮躁的情绪能让人暂时性地失去判断事物的能力，有时甚至让人思想慌乱，以至于说出一些口不择言的话。这时人们很容易在与人沟通时变得尖酸刻薄起来，说出的语言往往不是出自于说话人本身的意愿，而且大多数人事后都会觉得后悔，但已无法挽回了。要避免这样的问题发生，遇到问题一定要冷静，三思而后说，避免因为心情不佳而影响说话语气，如果暂时无法调整好情绪，那么不如用微笑来回应对方。

（2）学会包容他人

在别人犯了错误时，要用一颗包容的心去理解对方。“人非圣贤，孰能无过”，人都有犯错的时候。如果在别人犯错的时候，你用真诚的包容去代替尖酸刻薄的语言，那么你就可以获得人们更多的关注和好感，也可以为你以后的人际交往做一个好的铺垫。当你包容了别人的错误后，别人才更愿意接纳和包容你。

（3）学会欣赏他人

人人都有优秀的一面，善于欣赏别人的人常常善于接纳并带有宽容的特质。当你学着去发现和欣赏他人长处的时候，你就自然而然地想要赞美别人，使对方在你眼里的不足之处变得微乎其微。学着去欣赏别人吧，多看到身边人的长处，用宽容的心态和语言与别人对话，你的热情能传染你身边的每一个人，使你的人际关系更加融洽。

贴心忠告

（1）宽容不是无限度的纵容

宽容并不是无原则地退让，“大事讲原则，小事讲风格”，这是我们在处事过程中所要追求和达到的一种境界与高度，对涉及原则的大事，要寸步不让，而一些生活上的小事，要宽以对人。

宽容要讲方法，它是一种有计划、有目的的积极防御，强调以守为攻，是孙子兵法中的精髓所在，只有牢牢掌握着主动权，才能将宽容把握好运用好。

宽容应力避纵容，宽容与纵容只是一个度的问题，如果这个度把握不好，宽容则成为纵容。宽容是允许别人犯错和出错，但如果是一而再，再而三地在一个问题上犯同样的错误，那就不能再一味地宽容。

（2）不要无条件接纳所有想接近你的人

无条件的接纳绝不是对所有人，它只能对极少数的人。对于那些你不喜欢的人或者抱有很强目的性与你接近的人，你可以“接受”，但不能“接纳”。接纳意味着接受并能听得进别人的意见，一旦听取了抱着不纯目的与你接近的人的意见，那么你的行为就可能出现偏颇，行为偏颇就可能会造成不可想象的后果。

（3）对人宽容对己严格才能真正赢得信任

“严于律己，宽以待人。”在人际交往中也是赢得他人信任和好感的一大技巧。待人为什么要宽？为的是给人自新的机会。律己为何要严？因为不严会放松自我约束，让小错误发展成大错误。这是一种规范的待人之道，也是为人处世最重要的原则。这样才能真正赢得他人的信任，拥有良好的社交。

7　演好自己在社交中的每个角色

威廉·莎士比亚说：“世界是个大舞台，世间的男男女女无非演员而已。他们要么粉墨登场或悄然而去，每个人终其一生竟可以扮演多种不同的角色”。在社会交往中，人们扮演着不同的角色，如：一个驰骋商界的成功绅士，除了公司的职位外，他还扮演着父亲、儿子、丈夫、朋友等角色。想要扮演好自己的角色，你就要知道不同角色的要求，这样才能在舞台上活出精彩，活得有价值。

在社会交往中，我们必须清楚自己角色的多重性，根据实际情况随机应变，在社交场合和日常生活中灵活应对，赢得完美的人际关系。

社交陷阱

“人生如戏，戏如人生。”其实每个人在社会中都是一个演员，在社会的大舞台上，各自扮演着各自的角色。如果一个人对自己的角色认识不清，就会导致角色失调，那么必然会对他的生活产生很大的影响。

社会角色是指与人们的某种地位、身份相一致的一整套权利、义务的规范与行为模式，它是人们对具有特定身份的人的行为期望，是构成社会群体或组织的基础。并不是每个人每个时候都能清楚并扮演好自己的社会角色的。人们在角色扮演过程中常常会产生矛盾、障碍，甚至遭遇失败，这就会使角色失调。这种错误很难避免，连女王都不能例外。

女王在敲丈夫的房门时，丈夫在里边问：“谁？”女王回答：“我是女王！”丈夫说：“对不起，这里不是您的宫殿。”女工听后突然意识到了什么，立刻改口说：“亲爱的，我是你的妻子，请开门吧！”丈夫这才把门打开。

女王意识到了什么？故事虽然没有给出明确的回答，但我们应该知道：她意识到自己在社会角色转换上犯了个错误。

生活中每一个社会成员都无一例外地交织在各种各样的人际关系中。而作为在社会中生存的人们来说，若想尽可能与周围的人和谐相处，就必须时刻适应各种角色的自然转换。就像那位女王，对待臣下，她尽可以做她的女王；可是对待丈夫，尤其是私人场合，她就是妻子。如果私人场合妻子再耍女王威风，那么丈夫当然不会买她的账。

方法运用

一个人如果能在社交中清楚地认识到自己的社交角色，那么不仅能实现自我价值，也能获得更大的幸福。想要真正扮演好自己的社会角色，只有最大限度地履行自己的义务，才能最大限度地享有自己的权利。

人在社会中生存就一定要承担一定的社会角色，而且承担的社会角色越多，人的束缚也就越多。虽然表面上看起来，社会角色似乎是一种负担、是一种限制，承担的社会角色越多，人就活得越累越不自由。其实不尽然。

承担的社会角色越多，限制会越多，生活也就会随之越紧张，这是事实。但是，承担社会角色对于人并不是消极的，并不是人不得已而必须接受的，而是有价值的。一般来说，承担的社会角色越多越有利于人的生存、发展，越有助于人幸福的实现。

想要赢得完美的社交首先就要认清自己的社会角色，并学会在社会中不断自觉地进行角色转换，以有效地调整人际关系，而不是死守角色不变。这样才能拥有完美的社交和人际关系。扮演好社交中的每个角色也是有技巧的，下面的一些方法能帮助你更好地做到这一点。

（1）什么场合说什么话

角色的扮演一般通过语言表现，想要扮演好自己的角色就要学会在什么场合说什么话。说话看场合，场合指的是说话的时间、地点以及特定的交际场景。场合对于交际有直接的制约作用。说话时要根据场合决定话语的内容和表达方式。说话只有根据场合，灵活运用语言，才能取得更好的效果，进而扮演好自己的社会角色。

（2）培养自己的人际交往能力

在人际交往中，如果你不善于与人交往，不会与人沟通，难免将自己封闭起来，不仅对自己所扮演的社会角色没有益处，甚至还会给自己带来诸多烦恼与痛苦。

人际交往能力是一项重要的能力。我们生活在一个复杂的社会关系网中，每个人都必须与外界交流，拓展自己的人脉，培养良好的人际交往能力。

（3）适应比改变更重要

人们在扮演自己的社会角色时，有时难免因为对环境的不适应而在角色转换时显得生硬。这就要求你要培养自己良好的适应能力。

尽管我们的生活瞬息万变，我们也被要求必须随之改变，但是适应现状比改变现状更重要。适应的人在任何一时刻，都能愉快地面对现实中发生的一切，并能很好地转换自己的社交角色。提高自己的适应能力可以通过下面的几种方法。

- 拓展自己的知识。深厚的文化知识可以帮你更快地适应工作的变动以及社会的不断变化。
- 锻炼培养实践能力。将知识转化为能力，可以帮你更快、更好地面对变化采取行动。
- 多接触新环境。多接触新环境有助于增强内心的承受能力，有助于提高自己的适应能力。

（1）要真情投入

你在清楚自己的社会角色的同时还要投入自己的真情实感。如：对孩子你要真心疼爱；对朋友你要真心实意地替朋友着想；对工作你要有责任感等等。

（2）在多重角色后寻找真我

人生就像一个舞台，如果说前台是你所扮演的各种社交角色，那么后台就应该是你真实的自我。一个人将前台的角色扮演得无愧于天地，人活得就坦然、潇洒、有价值。但是在后台时就应该摘下面具，找回真我，这样的人生才是完整的，更是完美的。

8 自制力会让你变得更有魅力

自制力是一种控制自我感情和行为动作的能力。自制力是一个人成功的基本素质，如果一个人没有自制力，不能够抵制诱惑，就很难获得成功。

社交陷阱

不能容忍别人的错误也不能抵挡外界的诱惑，面对诱惑不懂得自我控制。这只会让一个人变得歇斯底里，失去做人的底线和原则，从而成为别人厌恶的对象。

一个缺少自制力的人就像是一部失去方向盘的汽车，没有方向盘的汽车在行进的过程会出现失控、出轨，甚至翻车。自制力在人们的生活中同样有着非常重要的意义。在面对诱惑时，如果一个人没有自制力就可能失控，为了满足欲望而舍弃目标，最终导致失败。比如：你想要锻炼身体，但是你拒绝不了床上那温暖的诱惑，你是不是就会放弃锻炼？又比如：你正在减肥，但是你拒绝不了美食的诱惑，那么你的减肥目标还能够达到吗？缺少自制力，你什么也不可能完成。

缺少自制力还有一个结果就是导致放任自流。人一旦放任自己，就可能会逐步走向堕落变得无可救药，毫无魅力可言。在人际交往中，足够的自制力才能让你魅力倍增。

方法运用

在合作中多一份谦让，在产生矛盾时多些让步。面对诱惑，学会抵制。面对欲望，学会压制。自律自省，学会坚持。只有多些自制力，让自律成为一种习惯，才能让自己更有魅力，赢得别人的尊重和喜爱。

控制自己并不是一件容易的事，因为人的心中总会出现理智和情感的斗争。但是为了生活，为了目标，人就一定要学会自制。冲动是魔鬼，我们如何才能做到自制呢？不妨从以下几个方面来做：

（1）用目标控制

目标是思想的中心，更是行动的指南。一个拥有目标的人，比别人更容易成功。在制定大目标的同时为自己制定一个简而易行的小目标，完成小目标进而完成大目标，这样更有针对性，也能使自己少受影响，有助于自制力的养成。

（2）让自律成为一种习惯

在日常生活中，要时时提醒自己自律，有意识地培养自律精神。比如，针对你自身性格上的某一缺点或不良习惯，限定一个时间期限，集中纠正，对自己严格一些，这样久而久之，当自律成为一种习惯，那么你就可以更好地控制自己。

（3）抵御诱惑，看清现实

诱惑是存于世上的一种奇怪的东西，你会为之疯狂而不能自拔，不同的人在面对诱惑时有不同的反应。要想增强自制力，就要抵住诱惑，而能够让你抵御诱惑的关键就是要学会看清现实。

在日常生活中，通过充实自己的见闻，锻炼自己的能力，培养自己的性格等方法使自己时刻保持清醒的头脑，认清现实的状况，这样在你能够成功抵御诱惑同时也能帮你提高白制力，变得更有魅力。

贴心忠告

（1）自制不是压抑自我

自制是用道德规范、纪律、法律以及现实生活中种种教训来进行自我提醒、自我管理的一种能力。

而压抑则是在个人受挫后，不是将变化的思想、情感释放出来，而是将其压抑在心头，不愿承认烦恼的存在。压抑自我虽然能起到暂时减轻焦虑的作用，但并不能使情绪完全消失，而是变成一种潜意识，而这种潜意识会使人的心态和行为变得消极。

自制不是压抑自我，两者有着本质的区别，在培养自制力时，这是需要特别注意的。

（2）自制不是一味地苛求自己

现实生活中，对人、对事、对自己都不宜过于苛求，否则会使自己生活在孤寂和焦灼之中。自制是通过适当地约束自己行为，达到既定的目标，从而获得更大的成功，过于苛求自己，就会让生活变得很累。

人的一生中，挫折、坎坷是难免的，痛苦和欢乐同在，烦恼与幸福共存，成功与失败是并存的。我们越是对成功苛求越多，失败时，痛苦也就越深。

万事有度，自制是一种理性的、带有主观意识的自我约束。自制不是一味地苛求自己，分清这点才能更好地认清自己。

（3）不要没有原则地让步

自制是约束自己的行为，而不是没有原则地让步。人要学会让步，但是要在坚持原则的基础上让步。如果没有自己的原则，一而再，再而三地后退，那就是一种软弱。自制是一步一步地向目标迈进，而软弱的个性则会使你离目标越来越远。

第三章

世事洞明皆学问

——社交中的心理学原则

1 寻求人生大智慧，放弃无知小聪明

在人际交往中，聪明人总是更受欢迎。但是有的人却把聪明用错了地方，耍些小把戏，欺骗身边的人。

正常人之间的智商都相差无几，每个人都可能成为福尔摩斯，耍小聪明只会给别人留下愚蠢的印象。在人际交往中，千万不要做这样的人。

社交陷阱

善于耍小聪明的人在偷着乐时，也许别人也正在告诉身边的人远离这个人。这既建立不起聪明的个人形象，反而给自己穿上了虚伪的外衣，让身边的人纷纷远离，从而导致人际关系恶化。

把自己看得太聪明的人往往被生活嘲弄。与人交往中总想凭借小聪明占据上风的人，结果吃亏的往往是自己。有一则笑话很幽默地解释了耍小聪明的后果：

一个城里人和一个乡下人一起坐火车。城里人欺负乡下人，想要个小伎俩。城里人说：“咱俩猜谜语，每人出一个谜给对方猜。谁猜不着，就输给对方一块钱，好不好？”乡下人想了一会儿，答道：“不，你们城里人比我们乡下人聪明，这样猜，我肯定吃亏，还是让我少吃一点亏吧。如果你猜不着就输我一块钱；我猜不着就给你五毛钱，怎么样？”城里人自恃聪明，认定自己不会输，就欣然答应了。乡下人先出谜，说：“什么东西三条腿在天上飞？”城里人左想右想也想不出谜底，只好掏出一块钱给乡下人，并接着问道：“三条腿在天上飞，到底是什么东西？”乡下人递给他五毛钱，笑着说：“你的谜我也猜不着，给！”

聪明的人常受到欢迎，但是耍小聪明的人却令人厌恶。廉价的聪明并不是真正的聪明，不要因为一次小聪明丢了好形象。做个真正的聪明人才能让别人信服和喜爱。

方法运用

人生需要大智慧，绝非“小聪明”。大智如愚，培养自身的素质，不要过于追求一时的表面得失，而要明白做人的根本，做个谦虚低调且博学的人，这样才能赢得他人的尊重和爱戴。

西方有一则寓言故事：太平洋的一荒僻群岛上生活着一些三只眼的怪人。意大利的一个聪明人想，若是把这样的三只眼的怪人捉住，带到世界各地去展览，保证能赚到大钱。于是他特制了一只大铁笼子，带上捕猎装备，驾帆船到了岛上。不承想，岛上三只眼的人从没有看到过两只眼的“怪物”，于是群起而捕之，他因寡不敌众，反而被三只眼的怪人捉住并关进他带来的笼子里，运到群岛各地去展览。

看了这个寓言，我们不禁要问：到底是谁聪明，是谁傻呢？世界总是这般的滑稽：开始是“聪明人”想要捕捉“愚蠢人”，可到了后来，落入笼中的反倒成了“聪明人”。寻求人生大智慧，放弃无知小聪明，这才是为人处世之道。要时刻谨记人都是有自己思想的，小技巧、小聪明也不可能瞒过所有人的眼睛。放低姿态，尊重他人才是真正的聪明人。

贴心忠告

（1）提高自身水平

一般来说，智慧和“学习”之间是完全互通的。在日常生活中，你要学会从每一个细节，每一个人身上学习知识，要学会用感恩的心去看待一切。你还要懂得利用身边的所有的资源和机会去学习，开阔眼界。因为人只有懂得越多，眼界越宽，看事情的体会才会越深。时刻从生活中学习，不断提高自己，积累渊博的知识，拥有足够的资本，你才能拥有真正的智慧。

（2）糊涂也是一种聪明

这里的“糊涂”不是傻，而是一种人生智慧的表现。这种“糊涂”是人类的一种高级智慧，是精明的另一种特殊表现形式，是适应复杂社会、复杂情景的一种高级的、巧妙的方式。

在很多场合，很多人不肯装糊涂，总是眼里不揉沙地不肯放过每一个可以显示自己聪明的机会，遇事总是喜欢先用一种预定的标准来判断是非对错，但却总是出力不讨好，原因就是不懂得难得糊涂的道理。

在生活中人们经常会遇到一时会难于处理、难于解决的矛盾和冲突，这时可以借助于“故意的糊涂”，有意识地拖延时间，缓和矛盾、化解冲突，以便利用最佳时机解决问题。有些事装装糊涂反而能给自己减少很多压力和麻烦，实际上是一种聪明的处事之道。

（3）不要过度谦卑

生活中常看到一些人做出很谦虚的样子，谦虚本没有错，但是他们谦虚的过了头，就会给人一种虚伪的感觉。比如：在参加聚会或社交活动时他们常常先对自己进行自我否定，目的是想通过这种方式得到别人的肯定，这样的做法一次两次可以体现出人的谦虚，但总是如此难免让人产生不满。

有时过度的谦虚就等于骄傲，做人做事适当的谦虚可以给人一种平易近人的亲切感，但如果过了度，让谦虚变了样，那亲切感也会随之变得让人厌恶。

2 极力显示精明，等于提醒对方设防

在人际交往中，为人处世充满了智慧，而这些智慧也是值得人们研究和学习的。比如人们对强者的毁灭往往有种幸灾乐祸的态度，相反的对于弱者往往有一种普遍的同情。所以，这就要求我们学会以柔克刚，不要过分显示自己的精明，做人做事也不要过于高调，要学会韬光养晦，藏敛锋芒。

做人不能太单纯，应懂得适度伪装自己，凡事要有“心机”。但反观《红楼梦》里的王熙凤，她做人可谓精明，依仗着自家的背景和贾母的宠爱，欺上瞒下，机关算尽太聪明，最终落个郁郁而死的结局。可见，精明可以，但是不要过分显示自己的精明。过分显示精明很容易遭到别人的非议和敌视，也会增强他人心中的警戒，阻碍你的人际交往。

社交陷阱

人们普遍都有一种心理，对比自己强大或与自己势均力敌的人都会患有警惕心。对于比自己弱的对手则会放松警惕。做人不要极力显示自己的

精明，太精明露骨会遭人厌恶。交际中你所暴露出来的“精明”容易把应该淳朴真挚的关系，人为地弄复杂，使人感到刁钻奸猾，从而对你敬而远之。这样精明的结果只能是让自己成为孤家寡人。

在人际交往中极力显示自己的精明将令人不敢接近。太精明的人，会使人心生恐惧，而人们对于这样的人常常产生防备心理，处处设防，更不会真心交往。太过暴露自己的精明往往引火烧身。三国时代的杨修，可谓绝顶聪明，他几次的精明展示让他的才智大大显露，结果引起了曹操的戒心，最终曹操出于防备将杨修杀掉了。所以即使真的很精明，但也不能展示出来，其实有时在需要的时候做到揣着聪明装糊涂才更能体现出你的智慧。

想要获得完美的人际关系，就要善于掩饰自己的才智。如果一个人不懂得掩饰自己的才智，即使能力再强，智商再高也难以战胜对手，甚至还会招来杀身之祸。

《孟子·尽心下》记载了这样一个故事：盆成括曾经向孟子求学，离开后他到齐国做官。孟子在听说这件事后说：“盆成括这个人活不久了。”果然，不久后盆成括真的就被杀了，孟子的学生问孟子原因，孟子说：“盆成括这个人做事喜欢显露小聪明，不懂得仁义宽厚谦顺容忍之道，总是锋芒毕露，怎能不招来杀身之祸？”由此可见，太过于显示自己的精明，锋芒毕露的处事做法并不可取。

方法运用

低调处事既能有效地保护自我，又能充分发挥自己的才华，不至于招人忌恨，也可以减少对方的戒心。在人际交往中适当地降低自我，向别人示弱让别人看到你的缺点，反而能增强亲和力，这样既可以让别人放心，也可以消除对方的敌意，赢得认可、欣赏和友谊，优化人际关系。

人们习惯同情弱者，完美的人、很强硬的人会增强他人心中的警戒。所以在与他人交往中要学会低调行事，这不仅可以自我保护，也可以使自己的才华得到充分的发挥。一个聪明的人应该保持谦恭有礼的态度，处事要稳重内敛。

（1）示弱也是一种智慧

示弱是一种觉醒，也是一种智慧。示弱不是妥协，而是一种理智的忍让。在人际交往中要使别人对你放松警惕，营造一种亲切的氛围，只要在交往中暴露出一些自己的小缺点，就可以使人在与你交往时松一口气，不以你为敌。示弱也可以激发人们的同情心，从而使你达到目的。

（2）避免与别人做无意义的争论

人与人之间存在着各种差异，出现矛盾也是在所难免。精明的人懂得求同存异，面对小矛盾不过分与人争执，这样不但容易获得别人的好感，而且一些难办的事往往也因此而“柳暗花明又一村”。

如果为一点小事抬杠、反驳，总是与别人做无意义的争论，也许偶尔会获胜，但那只是空洞的胜利，因为你永远得不到对方的好感，最后自己憋了一肚子的气，做不理智的事，这样是毫无意义的。

（3）学会自嘲让你更具亲和力

在人际交往中，如果能适时地进行自我嘲笑，可以调节社交气氛，增加你的亲和力。在遇到难堪的场面时，如果能够沉着面对，适当运用自嘲，变被动为主动，就能出人意料地展示你的自信，在迅速摆脱窘境的同时也能够让你的交际魅力得到彻底的展现。

（4）装点小糊涂让你更受欢迎

装点小糊涂，不是真糊涂，而是真智慧，是聪明的最高境界。糊涂一点，不是对人间世事不闻不问、麻木不仁，而是大智若愚、宽容大度。

在与人交往中糊涂一点，大智若愚，藏巧于拙。遇事能够风趣地绕开焦点话题，幽默地糊涂、巧妙地避开，由聪明转糊涂，由糊涂转聪明，这样才能够左右逢源，不为烦恼所扰，不为人事所累。因此，装点小糊涂会让你更受欢迎，也会让你拥有更好的人际交往。

3　要获得信任，少说多做

少说空话，多做实事，这是一个大家都知道的道理。一个人如果只靠一张嘴，往往很难令人信服。不能实现的东西就是说得再好听也无济于事，再华丽的包装也都会因为不能实现而被人看穿。

一家企业对来面试的两个人进行了考验与选择。这两个人各有长处。小王能说会道，用许多赞美的话来介绍自己。而小李则没有那么好的口才，但是他却肯努力地做好每一件事，说到做到。公司老总在对两人进行面试时采用了比较实际的面试方法：给两人一天的时间进入公司实习。

小王在公司所给的实习时间内，因为能说会道把周围的同事都哄得十分开心，赢得了大多数同事的好感，但是他的工作却丝毫没有成绩。而努力做事的小李，虽然没有那么多的语言，但是通过一天的实习时间，他不仅完成了老总交给的任务，而且还帮其他同事做了力所能及的工作，这更为他的实习成绩加分不少。最后公司老总在考察工作时，同事们一致表示：虽然小王善于鼓动工作气氛，但是对于工作而言，努力做事的小李才是大家更需要的。最后，小李通过了面试，正式进入了公司。

从这里不难看出：只有踏实肯干的人才能得到他人肯定。要获得他人的信任，说空话不能为你带来任何实质性的好处，只有多做给他看，懂得少说空话，多做实事的人，才能脚踏实地，说到做到，顺利地完成每一件事，才能赢得他人的认可和信任。

社交陷阱

口才在现代社会显得尤为重要，但是没有行动的语言再优美也显得苍白。在人际交往中，说得多，做得少，会给人一种虚假、投机取巧的感觉，只说不做的人不会得到别人的好感，只会让别人厌恶。

在生活中经常会有这样一些人，他们夸夸其谈，经常引经据典，妙语连珠；他们交友无数，时常在各种场合认出自己的新识故交，之后寒暄良久；在对于别人交给他们去做的事情时，他们也会信誓旦旦，拍胸脯，下保证，但是转眼他们就会把刚才的保证忘得一干二净。

这样的人仿佛无所不能，无能不精，无所不在，但实际上他们却是无所事事，除了嘴皮上有点功夫之外，不会给人留下任何好感。这样的人很难取信于人，因为别人在他们那里很难获得什么实际的东西，也不能获得任何保障。这种人在最后除了充当生活交际中的调剂品外，很难获得真挚的情谊。

方法运用

行动比语言更具说服力。在人际交往中，不仅要会说，更要付诸行动，这样才能使你的语言更具说服力。少说多做会让你更加可信，也更加容易赢得他人的信赖。

庄子借粮的故事，就很形象地说明了这一点。

庄子在贫穷到揭不开锅的地步下来到监理河道的官吏家借粮。

监河侯见庄子登门求助，爽快地答应借粮。庄子听了，心花怒放。但接下来的话却让庄子转喜为怒，气得脸都变了色。

监河侯是这样说的："可以，待我收到租税后，马上借你300两银子。"

庄子听罢愤然地对监河侯说："我昨天赶路到府上来时，半路突听呼救声。环顾四周不见人影，再观察周围，原来是在干涸的车辙里躺着一条鲫鱼。它见到我就像遇见救星般向我求救。鲫鱼说它原住东海，不幸沦落车辙里，为求活命，请求路人给点水，救救性命。"

监河侯听了庄周的话后，问他是否给了水救助鲫鱼。

庄子白了监河侯一眼后冷冷地说："我说可以，等我到南方劝说吴王和越王，请他们把西江的水引到你这儿来，把你接回东海老家去吧！"

监河侯听傻了眼，对庄子的救助方法感到十分荒唐："那怎么行呢？"

"那鲫鱼听了我的主意，也是气得睁大了眼，说眼下断了水，没有安身之处，只需几桶水就能解困，你说的所谓引水全是空话大话，不等把水引来，我早就成了鱼市上的鱼干啦！"

远水解不了近渴。这篇寓言讽刺了那些说大话，讲空话，不解决实际问题的人。少说空话，多做实事，才能让别人更加信任你，也更愿意与你交往。

贴心忠告

（1）要做有价值的行动

少说多做可以取信他人，但是做与做也是有区别的。有技巧地做不仅可以做出成绩，更能为自己节省精力。而不分方法、不看形势、盲目地埋头苦做，自己累不说，往往也很难让你赢得他人的认可，这样的行动是没有价值的。要记住：你想要赢取他人信任，做事也要有技巧，有方法，有选择。这样才不会让你的行动和努力付诸东流，同时也达到赢得他人信任的目的。

（2）好口才是你行动的助力

想要赢得他人的信任，要少说多做，但不是让你只做不说，好口才是你行动的助力。在行动时，如果运用适当的语言进行表达，会让你的行动锦上添花。如在别人需要帮忙时，除了给他实际的帮助外，如果加上一些语言的安慰，你的帮助将更能打动对方的心，从而赢得他人的信任。

（3）真诚是获取信任的法宝

真诚是人际交往中最基本的法则，以诚相待，对方自然信任于你，同时也会真诚地回应你。坦诚相待从心底感动他人才是获得他人信任的关键所在。学会真诚，能让你更具魅力，也能让你拥有更加完美的人际关系。

4 要想了解别人，先要适当暴露自己

生活中，有很多人在人际交往中都穿着“防护衣”。他们习惯把自己包裹得严严实实，让别人看不到他们的内心、个性和兴趣。无论别人如何敲打他们的心门，他们也总是把心门关闭得严严实实，使人们难以接近。他们的做法可能只是出于自我保护，但是他们却殊不知在这样的自我保护下失去的更多。

另外还有一些人，他们拥有很强的社交能力，可以饶有兴趣地跟别人谈论国际时事、体育新闻，但从来不表明自己的态度，这样的社交方式即使双方交流多次也难以拉近彼此的距离。要处理好人际关系，首先要让人接纳你，而要让人接纳你，首先就需要让人了解你。

社交陷阱

常言道：“害人之心不可有，防人之心不可无。”但是在人际交往中，

如果紧闭心门，就使人感觉难以接近。把自己掩藏得太深，会让人觉得难以合作，久而久之你会因为缺少共同语言与他人形同陌路，最后只能落得自己孤立自己的结果。

王瑞是一名企业经理人，最近因为工作较忙就招聘了一位助手。但是这个刚毕业的年轻女孩却让他感到十分难以合作，不得已他只能辞退了这个女孩，又招聘了一名新的助手。

当别人问及他辞退女孩的理由时他给出了这样的评价：太保守、太谨慎、太孤僻。原来，这个女孩平时为人十分谨慎，她似乎有意要把自己隐藏起来，不让自己被他人了解。

她从来不跟他人讨论自己的兴趣、爱好以及其他方面的生活。同事们上下班都是有说有笑，就只有她独来独往。某天这个女孩中午吃饭回来，同事随口问她："今天和谁一起共进午餐呀？"本来就是随口问的一句话，这个女孩却一本正经地回答："和别人！"这样的回答其实等于没回答。潜台词实际上就是"我不愿意回答"或是"我不想回答"。

有时候，部门的同事们一起在茶水间聊一些八卦新闻、花边新闻，谈到某个明星没魅力、穿衣没品位、耍大牌的时候，她总是在一旁安静地听着。当有人问到她的看法的时候，她也含糊其辞："其实每个人都有自己的喜好，没有什么对与错。"

慢慢地，同事们都觉得跟她没有共同语言，最后她基本上是自己把自己给孤立起来了。

鉴于女孩这种态度和与同事相处的结果，王瑞不得不辞退了女孩，这个女孩也因此失去了工作。

方法运用

良好的人际关系是在与他人不断了解的基础上建立起来的。在人际交往中适当地向人讲出心里话，坦率地展现自己，真诚地表露自己的性格，可以拉近双方的心理距离，增加彼此间的踏实感和信任感，让你与他人之间的交流更加有深度。

人与人的交往证明，在人际交往中首先敞开心扉，先适当暴露自己意愿的人，更容易得到他人的信任与尊重。在一般情况下，人们都喜欢与勇于说实话，敢于表露自己心迹的人接近和交往。有胆量实话实说的人有着自信的心态和光明磊落的行事作风。只有与这样的人进行交往的时候，人们才愿意向他倾诉，从而加深彼此的交往。

自我暴露不是把所有的隐私全都说给别人听，也有一定的程度，一般来说，自我暴露可以分为以下几个等级：

◆ 个人的饮食习惯、爱好等情趣爱好方面的个人信息。

◆ 个人的生活态度以及对生活的一些看法。

◆ 自我评价以及日常人际交往的状况等。

◆ 个人隐私，私密性较强的个人信息，如不切实际的想法或不愿让人知道的往事等。

在适当的范围内自我暴露的确能够拉近双方的心理距离，但是也要注意，在他人面前的自我暴露都是有限的，即使是在非常亲密的人面前也不能完全暴露自己。

贴心忠告

（1）自我暴露不等于喋喋不休

自我暴露并不是越多越好，如果过度地暴露自己，也会带来不好的影响。试想一下，如果有一个人总是喋喋不休地在别人面前说一些他的隐私，而毫不关注对方是否感兴趣，这样的人能否让人有想要继续交往的念头呢？我想答案一定是否定的。这样的人会给人一种“以自我为中心”的印象，当然不会受到人们的喜欢，甚至会让人们感到反感，自然不愿与他更多地进行交往。

（2）适当暴露，避免焦躁

自我暴露不要过于急躁，要自然而然，缓慢地进行，使双方都不致感到惊讶。如果过早地涉及太多的个人隐私，反而会引起对方强烈的排斥、焦虑情绪，甚至做出自卫反应。当你在他人面前大谈特谈自己隐私的时候，也会给他人带来压力，他内心也不免思考：“我是否也要把自己的隐私拿出来跟他交换呢？”这样的交流方式会给人以压力，所以在交流过程中要遵循循序渐进的原则，不急不躁才能赢得良好的人际关系。

（3）对别人不可强求

自我暴露是建立在自愿的基础上的，当你暴露了自己的一些信息后，不要强求别人也跟你有一样的付出。每个人都有不愿让别人知道的事情，如果你以自己暴露了一些隐私为由，也要求别人向你敞开心扉，那就可能激发对方的排斥情绪，降低对方对你的接纳程度，最终影响你的人际关系。

5 赞美有别于奉承，人人都喜欢被别人赞美

要建立良好的人际关系，适当地赞美必不可少。人人都希望得到别人的赞美和赏识。赞美是一种说话的艺术，正确运用这门艺术，会使被赞美者心情愉快，而赞美者也会从中感到快乐甚至幸福。

但是赞美时必须分清：赞美有别于奉承，它们是有本质区别的。赞美应该是真诚、热忱的，是出于真实的感觉，绝不掺杂任何不良的用心。同时，赞美是对别人优点和长处的充分肯定，是为满足别人对于尊重和友爱的需要，给别人以精神上的激励和鼓舞。相反，奉承他人则是宁肯牺牲自己的尊严来恭维人，是出于某种不可告人的企图，是趋炎附势，巴结讨好权威。

人们对于赞美和奉承的态度也是不一样的，当你对人进行真心赞美时，人们会很愉快地接受，并很乐意与你交往，但是如果你说得太离谱，就会让人觉得虚伪，产生厌恶。

社交陷阱

使别人快乐考虑的是别人而不是自己，有目的地奉承则刚好相反，处处计较的是个人的得失。赞美可以使别人快乐，得到的是人们的喜爱，而阿谀奉承只会引起他人的反感。

赞美可以让你迅速获得他人的好感，并使自己的人际关系得以改善。在某些情况下，这种方法是与朋友增进友谊的有效途径。但如果是出于某

种目的而对别人进行讨好得到的结果就恰恰相反了。

小A在刚进入公司的时候，经常听到小B对他人赞美。小B为人热情开朗，而且平时丝毫不吝啬自己的赞美之辞，看到别人的优点或长处都对其进行充分肯定，十分招人喜欢。这让小A十分羡慕，也想学习小B的做法，但是他不得其法，在对他人进行赞美时经常夸大其词，大事特赞美、小事大赞美、无事也要赞美一下。小A这种言过其实的赞美让同事们很难接受，有时甚至觉得有些讽刺。所以最后小A不但没有获得像小B那样的好人缘，反而让自己的职场生活步步艰辛，最后只能辞职离开了公司。

小A想要获得同事的好感，想要在职场上拥有一个良好的人际关系这并没有错，但是过于夸张地赞美同事，就会让同事觉得虚伪，也不容易接受他的夸赞，这样的结果也就可想而知了。

方法运用

赞美应该是发自内心的真诚赞美，是自然而然的善意行为，不需要你绞尽脑汁、处心积虑，也不需要你倍加小心、虚与委蛇。只要让人感到真实诚恳，像自然的风吹拂在水面上一样，制造轻松愉快的气氛，目的也就达到了。

那么该如何对他人赞美而避免奉承的嫌疑呢？下面的一些技巧告诉你其中的奥秘。

（1）赞美要真诚

真诚的赞美才能被接受并给人带来愉快。在你赞美别人时，要用流畅的语言来表达出你的赞美之情，而且要用适当的词来表达。吞吞吐吐、闪烁其词，会让人觉得你不够真心，而太过火的语言又会让人误解你另有所图，使你的赞美失去了本来的意义。每个人都珍视真心诚意，因为它是人际交往中最重要的原则。真实诚恳地赞美别人，才会得到你想要的效果，同时也避免奉承的嫌疑。

（2）赞美要讲究场合、合乎时宜

赞美需要随机行事、适可而止。如果当着众人的面特殊地赞美某一个人，尽管是好心，但有时反而弄得大家不开心。就像你当众特意夸赞一位女士：“您今天是最漂亮的”，那么在场的其他女士在听到后就会觉得：“难道我就是丑八怪吗？”这样也会为你的人际交往带来负面影响。

（3）赞美要因人而异

人的素质有高低之分，年龄有长幼之别，因人而异、突出个性、极具特点的赞美比一般化的赞美能收到更好的效果。比如对方是位偏胖的女士，你可以赞美她的气质。又如对老年人进行赞美时适当运用老当益壮、童心未泯等词语也会让你的赞美更有吸引力。因人而异可以让你的赞美更有实际性从而避免奉承的嫌疑。

（4）赞美是发自内心的

赞美是发自内心世界对另一个人的认可和钦佩，如果你不相信对方，认为对方不值得赞美，就不必去赞美，虚伪的赞美会使自己隐入无法摆脱的困境，而对方也会觉得你在嘲讽而不是赞美。

（1）不要让赞美成为讽刺

不恰当的赞美会变成一种讽刺。在对他人进行赞美时要有根有据，不要凭空捏造、无理无据，这样的赞美之言在人听来起不但不会心情愉快，反而会觉得讽刺。比如用漂亮，有气质来赞美一个长相普通、气质一般的公司女老板，就会让她有一种受到嘲讽的感觉。如果你夸赞她能力强、做事果断干脆，反而更容易让她接受你的赞美从而对你产生好感。

聪明的人在赞美别人的时候，非常有针对性和分寸。他们知道哪些应该赞美，哪些应该提醒注意，哪些应该反对。所以赞美一定要恰如其分，否则赞美就会成为一种讽刺。

（2）注意你的行为动作

赞美别人最主要的条件就是要有诚挚的感情以及认真的态度。说话时的动作态度能反映一个人的心理，轻率的说话态度很容易被对方识破而产生不快的感觉。所以在赞美时动作语言也要注意，否则也会让你的赞美变得虚伪。

（3）欣然接受别人的赞美

赞美别人让他感觉幸福是你的一种能力，但是善于赞美他人的同时，也要善于接受他人的赞美。在别人赞美你时能欣然接受，这会让你活得充实、有价值，因为这是别人对你的接纳和认可。面对他人的赞美时，如果你只是一味地推脱或是直接反驳对方的赞美，就会给对方留下一种虚伪的感觉，这样反而让对方反感。

6 给他人面子，就是给自己面子

“心直口快”被许多人视为美德，而每次因为“心直口快”的语言而与他人产生矛盾时，他们也总是会用“我就是说话直，不会拐弯抹角”当作理由为自己开脱。但是他们往往忽略了“心直”固然是好事，但是“口快”却未必是一件好事。在人交往中，不分场合，想说什么就说什么，很可能哪句话就无意之中伤了别人的面子。

中国有很大一部分人都十分看重面子，无论做什么事都会考虑到自己的面子。面子就是尊严。谁都希望自己在别人面前有尊严，被人重视，被人尊重。在与人交往时，我们为自己争得面子的同时也别忘了给别人也留面子。

社交陷阱

“人活一张脸，树活一张皮。”人都看重自己的面子。有些人甚至认为丢了面子是奇耻大辱，而当你在人际交往中不给他留面子时，很可能令他一直耿耿于怀，而这无形中增加的敌人也会为你的正常社交增加阻力。

每个人都有自尊心，你如果想联络感情，就必须重视对方的自尊心，特别是不要在小事上让别人丢面子。伤人面子，受害的最终是自己。

有这样一个故事：某公司招聘了一批新员工，公司出于对新员工的重视，组织了一次座谈会，总经理拿着新员工名单，说要与大家认识认识，点到谁的名字谁站起来做自我介绍。

开始进行得挺顺利，气氛也很好，但点到一个叫王赟的名字时，上司停了下来，皱了皱眉头，然后念出了“王斌”，但没有人站起来。他又叫了一遍，这时一位新员工站了起来，他先说的是：“某总，我叫王赟，不叫王斌。”这让总经理很尴尬，气氛一下子紧张起来，有几个新员工竟小声议论起来。之后王赟完成了自我介绍，而座谈会也在这种尴尬的气氛中结束了。

没过多久，王赟就递交了辞呈，原因是感觉压抑。他觉得上司好像处处在为难他，而他也觉得不能融入到公司的氛围中去。

王赟之所以产生这样的感觉，就是因为在座谈会时，他当众伤害了上司的面子，让上司在新员工面前丢了面子，上司自然心里不舒服。伤人面子，最终自己的面子也难以保全。

方法运用

你希望别人怎样对待你，你就应该怎样对待别人。尊敬别人，给别人面子，其实也是给自己留下了余地。在人际交往中，要想和别人建立和谐的关系，得到大家的尊重和喜爱，就必须懂得给他人面子，这才是联络感情的最好方法。

人人都有面子，人人都好面子。因为好面子，谁都不希望别人当众指出自己的缺点或过失。为此，别人有缺点或过失要婉转地为其掩饰或规劝，这样会为你带来意想不到的好处。

《三国志》中有这样一段记载：鲁肃在取得赤壁之战的胜利后，班师回朝。孙权召集文武群臣，为鲁肃接风洗尘，并亲自下马迎接鲁肃。孙权问鲁肃说：“我这样恭敬地对待你，你是不是觉得很有面子？”

鲁肃回到：“不！”接着在群臣的惊愕中又补充道：“我希望主公统一天下，然后哪怕是派个人用小车来接我，我才觉得那是真正的面子。”

孙权听后抚掌大笑。因为孙权给足了鲁肃面子，鲁肃才会想到知恩图报，想要为孙权卖命，替孙权统一天下，这是多么大的回馈。这就是顾及别人面子所带来的益处。

贴心忠告

（1）得饶人处且饶人

所谓“山不转水转”，世界很大其实也很小。今天你得理不让人，谁又能保证你下次不会再与他相遇。所以要懂得饶恕他人，得饶人处且饶人。对方“无理”，自知理亏，你在“理”字已明的情况下，放他一条生路，他必定会心存感激，来日肯定会报答你。就算不如此，那么至少不会再与你为敌。少一个敌人就是多一个朋友，只有这样，你的路才会越走越宽。

（2）为别人的错误找借口

委婉的为对方掩饰错误，比当面指出对方的错误更能令他认识和改正错误。当你在为其掩饰错误的时候，你会发现，在你保全了对方面子的同时，对方也对你心存感激，愿意接受你的意见，维护你的利益。

（3）退一小步是为了进一大步

“退”是为了更好的“进”，因此不管怎么退，只要最终的结果是为了进，那就“退”得有意义。以“退”为始，以“进”为终，是处理人际关系的妙计。有时退一步，其实就等于进两步。

一个小男孩，每次人们拿着五角和一元的硬币让他选择时，他总会选择五角的，有人不明白就问小男孩：“你为什么不拿一元的硬币？”小男孩答道：“如果我拿了一元的硬币，那么下次就再也不会有人让我选硬币了。”这就是以退为进的智慧。

但是要切记，“退”要有底线，“进”要有节制，把握好其中的分寸，“不打无准备之仗”，如果没有十足的把握不要轻易使用这个技巧，否则就会弄巧成拙，最后得不偿失。

7　只有尊重别人，才会受人尊重

有这样一句话：“生活，就像是一面镜子，你对它笑，它也会对你笑。你对它哭，它也会对你哭。”在人与人的交往中，也有类似的现象，我们怎样对待别人，别人也怎样对待我们。

有人说：“解决问题的最好办法不是惩戒，而是尊重。”还有人说：“尊重比生命还重要。”谁都希望自己在别人面前有地位，有尊严，被人重视。但是在我们在与人交往中不要为了自己争得尊严就忽视了对别人的尊严。每个人都十分在意自己的尊严和地位。想要获得别人的尊重，首先你要尊重对方，只有尊重别人的人，才会受人尊重。

社交陷阱

面对不如自己的弱势群体，有些人常常会不顾及别人的面子，伤害了别人的自尊心，妄想通过这样的途径来显示自己的优越。但殊不知，这不仅不能证明你的高尚，反而会凸显你的素质低下，也会让你遭到他人的轻视，甚至还会为此付出惨痛的代价。

有这样一个真实的案例：被告人是一个20多岁的帅小伙，个子近1米8，白白净净的。如果是在生活中遇到他，那么根本就不会有人相信他是一个杀人犯。而他杀人的动机很简单，就是因为自尊心受到了伤害。

被害人是一个四五岁的小男孩，和被告人同住一个村。杀人之前被告人曾因盗窃被判过刑。被告人在交代动机时表示：他常和被害人的父亲在一起打牌。在打牌的过程中，被害人父亲常讥讽他当初犯罪，进监狱等事情，并且表现出满脸的鄙夷和歧视，这让他很沮丧，自尊心也受到了很大的伤害。

案发当天，他又受到被害人父亲的讽刺，心中难受，无处发泄，正巧在村里碰到被害人一个人在玩，恶念顿起，将被害人骗到一个空房子里，用电线勒死，扔到了井里。可怜这个无辜的小男孩，还没有享受美好的人生，就命丧黄泉。而他一家老少，将为这个悲剧而痛苦终生。

这本来完全是可以避免发生的人间悲剧，却因为被害人父亲不尊重人的言行，导致了悲剧的发生。虽然被告人曾经被判过刑，但他同样有人格尊严，理应受到他人的尊重。如果被害人的父亲能在言行上对被告多一些尊重，那么也就不会发生这样的悲剧了。

方法运用

尊重他人就是尊重自己，人与人之间往往就靠这种相互支撑的尊重维系着和谐与默契。尊重别人是一种美德，被人尊重是一种幸福。一个真正懂得尊重别人的人，必然会以平和的心态和平静的心境面对生活。而这份淡定也会为你赢得更多的尊敬和更加美好的人生。

尊重是相互的，尊重他人是对自己的尊重。不管你处于什么位置，身处何处，都应该尊重他人。这样你才能受到他人的尊重，给自己带来快乐，也给他人送去快乐。

爱尔兰作家萧伯纳曾经就受过这样的教训：他在苏联访问期间，和一个聪明活泼的小姑娘玩了很长时间。分手时，他对小姑娘说："回家告诉你妈妈，今天和你一起玩的是著名作家萧伯纳。"小姑娘看了他一眼，学着大人的口气说："回去告诉你妈妈，今天和你玩的是苏联美丽的小姑娘喀秋莎。"这番话使萧伯纳大吃一惊，心里惊叹自己居然犯了这么一个可怕的错误。后来他把这件事作为教训，铭记在心，并发誓要尊重任何人。

尊重他人，才能获得别人的尊重。萧伯纳因为自己开始的高傲，表现得过于强调自己，忽略别人的感受，因此会受到小姑娘的还击，反过来自己惭愧。

最后强调一点：在人际交往中不要揭别人的短。每个人都有他的弱点，也都有难以启齿的伤痕，而且每个人都不愿意别人触及自己的伤痕，虽然这些被我们埋藏在心里的深处，但当有人去触动它时也会疼痛不已。所以揭别人的短不仅是伤害别人，也是一种非常不道德的行为，在人际交往中也要避免。

另外，对他人的决定做出支持，珍惜他人的劳动成果等也是尊重他人的一种表现形式。

贴心忠告

（1）帮助他人时也要顾及他的自尊心

在朋友遇到麻烦，需要帮助的时候，我们施以援手，能让朋友感觉到温暖，而他也会对你心存感激。但是在对朋友进行帮助的时候，也要顾及他的自尊心。如果你帮他过了头，很可能引起对方的怀疑，引发自卑，伤及自尊心。另外，在帮助别人的同时，也要注意不要有桀骜不驯的态度，否则也会成为他心中的刺，最终大大影响你们之间的关系。

（2）不要因为虚荣而践踏别人的尊严

有些人为了追求表面上的荣耀而对他人的尊严毫不顾忌，肆意嘲笑对方的劣势，想以此来提高自己的身价，这是一种非常恶劣的行为。这样的做法不但不能让你显得高贵，反而会让人觉得厌恶，认为你是一个很没有素质的人，不愿意与你进行更多地交往。

（3）学会控制情绪

在愤怒的时候，你可能对惹自己生气的人口无遮拦。在此过程中，很有可能有哪句话就伤到了对方的自尊心。而对方可能会因为你的话而记恨你，你的处境就会由主动变得被动。所以学会控制自己的情绪，即使在愤怒的时候也要知道什么该说，哪些又是该避免的，只有这样，你才能得到他人的尊重和喜爱。

（4）己所不欲，勿施于人

当你伤害别人自尊的时候，想想如果换成自己处在这个境地，那么自己又是什么样的感受呢？中国古语说："己所不欲，勿施于人"。自己不想承受的事情就不要施加在他人身上，这就是对他人最基本的尊重，也是人际交往中的基本处世原则。

第四章

朋友多办事优先

——结交朋友的心理学原则

1　交情再深也不要对朋友无所顾忌

一位名人曾说过："朋友，可以把快乐加倍，把悲伤减半。"朋友是因为兴趣相同而愿意彼此走近并在人生路上相互扶持的人。朋友之间充满着默契，举手投足，一颦一笑，一言一行，哪怕是一个眼神，朋友之间都会心领神会，不需要过多的解释就能心心相印。朋友之间不必曲意逢迎，有的只是彼此间的牵挂和心灵相通。

但这并不代表朋友之间可以无所顾忌，相反，感情越好的朋友相处时越要注意分寸，这是朋友相处的重要原则之一。一些人正是因为没有意识到这一点，丢掉了宝贵的友谊。

社交陷阱

友情是一种美好的情感，然而美好的东西有时也很脆弱。每个人都有不愿被人触及的隐私，当你理所当然地认为与要好的朋友可以轻松地玩笑和打闹时，也要注意不要闯入对方的禁区。否则即使是情比金坚的友情也不堪一击。

有些人在与朋友相处时，因为太过于熟悉而忘记了分寸，无意中触及了朋友的底线或禁忌。这样轻则遭到朋友的抱怨，重则甚至失去朋友，最后给自己带来无法弥补的遗憾。

张思和王璐是一对好朋友。王璐出身农村，所以总有深深的自卑感，也一直很敏感别人提及出身问题。而张思则是城里的姑娘，家庭条件要比王璐优越很多。两人从大学时就很要好直到参加工作。但是毕业后的一次聚会却打破了这种美好。

在聚会中张思与众多朋友聊得兴起，不知从谁开始，一个农村包围城市的话题成为大家的讨论话题。这个关于农村的话题让王璐倍感尴尬，但又不好发作，希望这个话题能尽快过去。但令王璐没想到的是大家对于这个话题不仅没能一语带过，反而更加兴趣高涨，之后张思也有口无心地说了句："现在可是有许多村里人都来到城市发展了，王璐不就是村里来的。"这句话正好踩到王璐的痛处，她十分尴尬地敷衍了几句就离开了聚会。这句玩笑话伤及了王璐的自尊心，也使她感到深深地自卑，所以她刻意疏远了张思。一段美好的友谊就这样结束了。

可见，深厚的友情更经不起语言的伤害，一句不合时宜的话就可能葬送一段好不容易培养起来的友谊。越是感情深厚的朋友之间，越要避免语言的暗伤，注意说话的范围和方式。

方法运用

在人际交往中，即使是和好朋友也要“保持距离”，不要太过于亲密，即便是为了朋友好，也要顾及朋友的感受，在与朋友相处时要把握好分寸，在与朋友保持亲密友谊的同时，也要注意不要闯进对方的心灵禁区，触及对方的软肋。

由于个体的差异，再情投意合的朋友也有彼此不能进入的心灵禁区。如果你在与朋友相处时无所顾忌，闯进了对方的心灵禁区，就成了冒犯，不仅打不开朋友的心扉，反而让对方产生防备，从而疏远你，使你们之间的距离越来越远。

想要避免上面的问题就要注意：朋友之间相处也要适当“保持距离”。当然“保持距离”并不等于疏远对方，而是要给对方留一个小空间，不要直言不讳地谈论对方不愿提及的敏感问题。与其与好朋友无话不说，不如“保持距离”，以免出现不必要的摩擦，这样的友情才能够持久。“保持距离”就能产生“礼”，让对方感觉到尊重，这种尊重会让关系更加稳定，也更加和谐。

贴心忠告

（1）处处谨慎小心的相处不可取

朋友之间相处贵在自然，真正的朋友在一起即使不说话也不会觉得尴尬。如果你因为害怕伤害到朋友就处处小心谨慎地与他相处，动不动就草木皆兵，这会让朋友感觉很累。这种感觉会让朋友慢慢疏远你，太过疏远的友谊不会持续很久。

（2）要清楚朋友的禁忌

首先清楚地了解朋友的禁忌，你就能有效避免触及对方禁区，也不用处处小心翼翼，唯恐伤了对方。你的朋友对哪些问题敏感，或者哪些话题是绝对不能在他面前提到的，你都应该心里有数，有些事情你即使了解，也不要随便说出口，直接揭他的伤疤。例如对方还在为肥胖的问题困扰，你不要以为苦口婆心、良药苦口的劝说可以让你们的感情更深，最好换个话题，躲开雷区。

（3）要尊重朋友的隐私

朋友之间有时会触及一些隐秘性比较强的话题，朋友对你说出这些是对你的信任，也是对你极大的肯定，所以出于回报你也要尊重朋友的隐私。当朋友向你诉说时，你要认真倾听，不能嘲笑或抱着无所谓的态度。想朋友之所想，急朋友之所急，这样能增进彼此的感情，也能让彼此相处更加舒服、和谐。

2　要想朋友信任，就要为他守住秘密

朋友之间信任的作用是无法估量的。它促进沟通、拉近心与心的距离并维护友谊的长久。人与人之间因为有着信任才能够成为朋友，但是朋友之间的信任也是很脆弱的，它需要很长时间才能建立起来，却又很容易被破坏。而泄露朋友的秘密就是其中最主要的原因之一。

每个人都有属于自己的秘密，或许是一件不愿为人知的往事，或许是一个不愿为人知的缺点。那么作为朋友，你在知道了别人的秘密后应该怎样做呢？要想赢得朋友的信任，维护彼此之间的友谊，保守秘密无疑是最好的办法。

保密是取得信任的一种品质，更是社交中的基石。不讲信用辜负对朋友的保密承诺或多嘴泄露朋友的秘密，不仅会丢失朋友的信任，而且也会给朋友造成痛苦。

社交陷阱

有信任才有朋友。如果泄露朋友的秘密，你就难以得到朋友的信任，朋友也绝对不愿再将其他秘密与你分享，你也将很难拥有真心的朋友。

张怡和王柳在一场聚会中认识，因为彼此性格相投成为了朋友。之后更是因为爱好、观点相似而交往频繁，最后成为了最好的朋友。

一次两人聊天时说起儿时的趣事，王柳说到兴头上就把自己到10岁还曾尿床的事告诉了张怡。张怡听后哈哈大笑，这时王柳才意识到自己的疏忽，于是对张怡千叮咛万嘱咐让她不要把这事说出去，张怡也就随口答应了。不想在一次聚会聊天时，张怡随口就把王柳10岁尿床这件事说了出来，当时王柳十分尴尬，最后以还有事为名逃离了聚会。这件事令王柳对张怡的好感全无，再也不愿见到张怡。

由此可见，没有信任就没有朋友。如果你不守信用泄露了朋友的秘密，那么也就意味着你将失去这个朋友。泄露朋友的秘密，给别人带来痛苦和损失，自己也会引来一身麻烦。

方法运用

为朋友保守秘密是出于对朋友的忠诚和对友谊的珍惜。不论遇到任何事情，你都要明白，交友之道在于对朋友的忠诚度。只有相互忠诚的朋友，才能让友谊地久天长。忠于朋友，能帮助朋友保守秘密，才能获得朋友的信任和认可，成为人们都喜欢结交的挚友。

为朋友守住秘密就能获得朋友的信任，同时守住秘密也是对他人的尊重。在朋友向你倾诉秘密时，你要表现出充分地理解，这样能使朋友极其低落或紧张的情绪得到缓解，而事后你为朋友守住秘密，保护朋友的尊严，则更能获得朋友的信任和认可。这不仅可以让你的友谊更加稳固，也可以提升你在朋友心中的地位。

王永家隔壁新搬来一位李女士。李女士因为家庭变故精神时常低迷，有些轻微的精神障碍，但是日常生活却不受影响。而王永作为邻居在与李女士接触过后自然知道这一情况。

楼里的住户都知道王永家隔壁搬来了新邻居，于是就经常有一些喜欢八卦的人向王永追问：“你家新搬来的邻居是不是有精神病？怎么看着那么不正常？”每当王永听到这样的话时，都会有意替邻居遮掩：“她只是睡眠不好，精神有些不振，但是没有精神病。”就这样，李女士安定下来后并没有听到什么闲言闲语。过了一段时间后，李女士无意之中知道了王永一直替自己保守着秘密这件事。自此以后李女士除了对王永感激外还对王永格外信任，出门在外总是说王永的好话，渐渐地大家的态度也越来越热情，王永也因此在小区中获得了更好的人缘，生活也随之丰富了起来。

王永为李女士保守了秘密，不仅换来了李女士的信任，也得到了李女士的回报从而自己获得更多的人缘，丰富了自己的生活。这就是保守秘密带来的好处。

（1）无意中知道的秘密更要保守

在听人聊天或与人交流时，你可能无意中也能知道朋友的秘密。这虽然不是朋友告诉你的，但也需要保守。朋友之间需要相互体谅，就算知道朋友所有丢脸的事情，也依然要为朋友美好的形象保密，这可以体现你的涵养，也是对朋友的一种尊重。

（2）保守曾经朋友的秘密同样重要

人都有朋友，有朋友才有友谊，但朋友也会变路人。而当朋友变成路人时，有涵养的人对于曾经朋友的秘密会选择沉默。有些人在与朋友翻脸后，出于报复把对方的秘密当成攻击对方的杀手锏，但是却忘了在把别人揭发的体无完肤时，自己可能也会成为他人的笑柄。

（3）重视承诺

承诺就是一种与我们过去的所作所为保持一致的愿望。当朋友向我们诉说了秘密同时要求我们保守秘密时，你一旦答应，就要履行自己的承诺。守住承诺也就是守住了秘密，而守住秘密也就守住了你的友谊。

3 结交比你优秀的人，让对方知道你对他的崇拜

西汉刘向《列女传·卷一·母仪》中有这样一段记载：孟子小的时候父亲就去世了，母亲因为守节没有改嫁。开始孟子和母亲住在墓地旁边，

所以孟子就经常和邻居的小孩一起学着大人跪拜、哭嚎的样子玩起办理丧事的游戏。孟子的母亲看到了皱起眉头说："不行！我不能让我的孩子住在这里！"于是孟子的母亲就带着孟子搬到市集，这次是靠近杀猪宰羊的地方。到了市集，孟子又和邻居的小孩学起商人做生意和屠宰猪羊的事。孟子的母亲知道了，又皱皱眉头说："这个地方也不适合我的孩子居住！"于是，他们又搬家了。这一次他们搬到了学校附近。每月夏历初一这个时候，官员到文庙行礼跪拜，互相礼貌相待，孟子见了都一一学习并记住了。孟子的母亲很满意地点着头说："这才是我孩子应该住的地方呀！"

这就是有名的《孟母三迁》的故事。这个故事很形象地说明了环境对于人的成长有着很明显的影响。

在一个和谐平等的环境中，双方会因为没有距离感而相处融洽；而与比自己差的人交往时，又因为环境让人产生优越感而使虚荣心得到满足。因此，许多人都喜欢和比自己差的人交往，但是却忽略了一点，在与这些人交往的时候，你很难取得进步。

社交陷阱

在与人交往中，有的人乐于和不如自己的人交往。但是和比自己差的人交往很难得到自我提升，因为在他身上很少有优势可以让你学习，而且如果他是一个爱好学习的人，他将学习你身上的优势并很快超越你。

所谓"生于忧患，死于安乐"，人长期处在一个舒服、安逸的环境中，就会忘记还要进步。当你长期与比自己差的人交往时，你会生出一种："我是最棒的"的感觉，自信固然是好，但是如果用在不当的地方就令你止步不前。现在社会瞬息万变，人们都在不停地成长、进步，在社会上行走犹如"逆水行舟"，你不进步自然有人超越你，那也就意味着你在倒退，最终你将跟不上社会的步伐而被社会所淘汰。

方法运用

优秀的人之所以优秀，是因为他们身上具备一些优秀的品质、习惯和思维。经常和他们在一起，多接触、多交流，才能促进自己不断进步。结交比你优秀的人，让对方知道你对他的崇拜，使自己得到更好的发展，这才是明智之举。

在人际交往中，要选择交往对象。在和比自己优秀的人交往时，人们常常有不自然，浑身不自在，感觉尴尬的情况，所以很多人就选择和比自己差的人交往。因为这样的环境可以让自己挥洒自如，也可以产生一种优越感。但是人们在追求这种优越感时却往往忽略了重要的一点：使人有压力的环境才能让人获得想要进步的动力。

中国有句古话叫“听君一席话，胜读十年书”，这句话就是说在与人沟通时，别人的一番话让自己受到了点拨和熏陶，同时也得到了人生启迪。优秀人的一番话，有时能让我们豁然开朗，甚至让我们对世界有一个更为深刻或全新的认识。想要成为一个优秀而成功的人，就要与比你优秀的人交往，并让对方知道你对他的崇拜，这样才能拥有较好的成绩。记住：没有人不喜欢赞美，人人也都有虚荣心，获得别人的崇拜，在任何人看来都是一件值得骄傲的事，只有这样他才愿意与你结交，并乐意教你一些经验。

在某人取得成功时，我们经常可以听到这样一句话：“感谢周围的人对我的帮助”，这是多数成功人士致谢时常常挂在嘴边的话。很显然，给予成功者帮助的人大多是比他优秀的人。周围的环境和交往的人会对人的成功产生很大的影响。

但是现在的人因为自身的原因迟迟不肯迈出这一步。或许是因为缺少自信，或许是因为承受不住压力，所以他们对优秀的人望而却步，明明有结交的机会，但是却不敢付诸行动。其实，人与人是有差距，但是人无完人，优秀的人也有他不完美的一面。正确认识一个人，这样才能够让你拥有更为良好的交际能力。结交优秀的人最终你也会逐渐变得优秀起来。

（1）不可轻视比你差的人

优秀的人拥有优秀的品质，但是比你差的人也有自己的骄傲。也许他在某一方面甚至整体素质都不如你，但是他也有受到尊重的权利。不是你比别人优秀，就可以目中无人，无视甚至轻视他人，这不代表你的成功。恰恰相反，这体现了自身的幼稚和不道德。

（2）与优秀的人交往要抱有积极的态度

你在与优秀的人交往时，要抱有积极的态度。和他交往是因为你想要从他身上学到对你有用的东西，从而提高自己。羡慕、崇拜并不是你的目的。在与优秀的人交往时，获得了他的好感，就要进而了解你想要学到的东西，要积极发现、认识、感受并学习他身上的优势，你才能够受用终身。

（3）不要让崇拜变成恭维

在你结交比你优秀的人时，不要放大对方的优点，更不要用恭维的眼光看待他。唯唯诺诺的老好人和“棉花糖”只能得到别人的同情，而不是尊敬。如果你在某一方面确实不如对方，也请告诉自己：一个木桶的容积取决于最短的那块木板。你可以表示崇拜，但绝不要感觉自卑。当你与对方交往表现出不卑不亢的态度时，将更容易赢得对方的好感。

4 多给朋友点关心，你困难时才会获得帮助

友谊是你乘凉时的一片绿荫；是你受伤时的一剂良药；是你口渴时的一碗白水；是你渡河时的一叶扁舟，是金钱买不来，命令下不到，只有真心才能够换来的最可贵、最真实的情感。风雨人生路，朋友可以为你挡风寒，为你分忧愁，为你解除痛苦和困难，在你遇到困难时朋友常常会伸出友谊之手，帮你渡过难关。

但是不是所有的朋友都会在你困难时雪中送炭，也不是只有遇到困难时才想起朋友。朋友的帮助是相互的。俗话说：“平时不烧香，临时抱佛脚。”神佛虽然灵验，但如果你平时不烧香，一旦有事来恳求，佛祖也不会帮助你。神灵尚且如此，何况是凡人。如果只把朋友当作是帮忙的工具，

只有遇到困难时才想到朋友的好，而在平时不懂得维系彼此之间的友情，久而久之朋友也就会离你而去。

社交陷阱

如果你平时对朋友没有付出，只是在你遇到困难时才想起朋友的好，那一次两次朋友可以伸出援手，但是长此以往，当朋友也会拒绝再帮你，最终影响两人的友谊。

有句话说得好："付出不一定有回报，但是不付出就一定没有回报！"在与朋友相处的过程中也是如此。没有人想结交一个只能为自己找麻烦的朋友。在维系朋友之间关系时，要在平时多关心朋友的感受，不能一味地只向朋友索取。这样的友谊很脆弱，而且很可能在你再一次的求助中丧失友谊。如果你平时不懂得多联系朋友，那么在你困难时就找不到人帮你。

老贺一辈子做事勤快但却讷于言辞，奉公守法但却不善交际。他对朋友几乎从不联络，从来就信奉"万事不求人"的原则，身边除了老婆孩子，其他社会关系几乎一个都没有联系。

一次老贺的儿子小贺跟人吵架，一气之下动了手，被别人打得头破血流被送进了医院。老贺爱子心切，当听到这个消息时感觉整个世界一片黑暗，老伴听后更是昏了过去。

当老贺手忙脚乱地赶到医院时，医生告诉他：小贺的病情比较严重，需要10万元的手术费，并要尽快安排手术。老贺听完毫不犹豫从银行取出自己一辈子的积蓄，但是算起来一共只有8万元。所缺的2万元手术费让老贺觉得十分无助，想要找人借钱凑这笔手术费，但是他想了又想，却不知道该去找谁求助。老贺给所有能想到的朋友都打了电话，但是因为平时交往过少，有许多朋友不是借口最近资金紧张，就是对老贺的求助不屑一顾，这让老贺十分无助，也十分无奈。凑钱的这几天，老贺愁白了头发，人也仿佛老了许多，老伴也因为照顾儿子而劳累过度病倒了。

最后老贺用了各种方法总算凑齐了手术费，手术很成功。之后在回顾这段经历时，老贺总是感慨地说："因为平时我和朋友联系的少，也没有想过帮助朋友，差点要了我儿子的命啊！"

老贺的最后一句话虽然朴实，但却很有哲理。

朋友之间要互利互惠、互通有无、取长补短、相互合作，只有这样才可以办成一个人难以办成的事，也才能够更好地体现朋友的分量。

细心观察的人会发现，公司里面总是有那么一些人，平时有事没事就到其他部门和岗位转转。人事、财务等部门更是重点光顾对象，有事说事，没事混个脸熟，遇到个机会更是对同事多加关心。这样的人工作一般都是一帆风顺的，不是因为他们不会遇到问题，而是在遇到问题时大多有人替他解决。这就是平时努力所带来的收获。

真正善于利用关系的人都有长远的眼光，善于早做准备，未雨绸缪。这样在危急时就会得到意想不到帮助。在与朋友交往时，平时多给朋友一些关心，到你有困难的时候才能得到朋友的帮助。

在现实生活、工作中，你不可避免地要与人打交道，或是亲朋好友，或是上司同事，或是与陌生人从不相识到相识。人生是一篇大文章，有时借助贵人帮助，可以把这篇文章写得气势磅礴。所谓："平时多烧香，自有贵人帮。"这才是人际交往中的诡计所在。

（1）冷庙也要烧高香

所谓"冷庙"就是你那些怀才不遇、才能还没有得到展现的朋友。对这些朋友，在平时也要多多关心。在他潦倒困窘的时候他可能没有能力对你礼尚往来，但是一旦他否极泰来，你就会成为他最真心的朋友之一。当你遇到困难时即使没有请他帮忙，他也会主动帮你。

（2）烧香也有度

虽然平时应多烧香，但是烧香也要有度。关心过多就有巴结讨好之嫌。这样的做法不但不能让你在困难时得到朋友的帮助，还很可能因为你平时过于明显的示好，而让他人厌恶。

（3）本色做人才能拥有真朋友

无论身处何地，都应该本色做人，把最真实的本性展现在别人面前。

用真诚与别人交往，这样才能收到最真实的反馈，同样收获他人的真实与真诚，享受人与人之间最真切的情感交流，拥有真正的朋友。只有真正的朋友才能在你困难时伸出援手，帮你解决燃眉之急，让你平安渡过难关。

5 品味“弦外之音”，不给朋友添麻烦

为了拥有良好的人际交往，人们都十分注重自己语言的表达。不利于人际交往或带有负面情绪的语言往往被人们隐藏起来。当人们潜意识里的思想和经过加工修饰后所表达出的语言出现不一致后，就有了正话和反话，进而出现了“弦外之音”。

在现代社会的人际交往中，除了在特定的空间内很少有人愿意展现出自己的真实感情。但是当情绪出现波动时，人们通常都会选择用语言暗示这些感觉。善于交际的人总是会在与朋友的交谈中及时准确地听懂朋友的“弦外之音”从而采取最好的解决方法，这样就避免了许多尴尬问题的出现。而一些不善于交际的人听话只听表面意思，常常不能及时领悟朋友的“弦外之音”，这往往也是交友失败的一个重要原因。

社交陷阱

在人际交往中会有正话反说的情况，这是人们想要表达自己真实情感的一种委婉方式。不能及时领悟朋友的“弦外之音”轻则造成不必要的麻烦，重则让朋友反感。不能领会“弦外之音”等于不知风向便去转动风帆，弄不好在小风浪里就能翻了船。

由于朋友之间的特定关系，所以有时彼此拒绝或是推脱的话就很难直接说出口，就会出现话里有话的情况。在这种情况下，聪明人一般选择立即停止话题或是直接告辞离开，而一些头脑较“直”的人听不懂朋友的暗示，依然滔滔不绝地继续这一话题，就会让朋友感觉尴尬，也会产生反感。

小李和小刘是朋友，小李是一个销售人员，而小刘则是一个比较成功的企业管理者。一次小李因为工作去找小刘推销。作为朋友，小刘不好直接拒绝小李，所以在接待了小李之后出去了一下，回来之后热情地对小李说："欢迎欢迎，真是难得你来找我，我本来还有一个会议，但是你来了我刚刚特意和外面说了一下，会议延后半个小时，咱们聊聊。"言外之意就是说：我现在很忙，没有时间和你聊天。但是小李并没有听懂这番"弦外之音"，而是认为小刘真的是为欢迎自己的到来而高兴，所以就在小刘的办公室内大谈特谈地讲起了自己销售的产品。在交流过程中小刘频频看表，但是小李依然没有要走的意思，最后小刘实在没有办法才下了逐客令，这让小李很不高兴，最后两人不欢而散。之后小刘就再也没有见过小李，两人也从此形同陌路了。

这次失败的交际中，小刘对小李频频暗示，但是小李却不为所动，耽误小刘的工作，给小刘带来了麻烦，最终小刘不讲情面地直接下达了逐客令，并最终导致了友谊的终结。可见，与朋友相处时，如果你听不出对方的"弦外之音"，将多出很多麻烦和不愉快。

方法运用

听懂"弦外之音"就是听懂朋友要表达的真实意思。在听朋友说话时，不要单听表面的意思，要对他所说的话进行分析，要学会从对方说话的语调和说话时的动作神态判断朋友的真实意图。听懂"弦外之音"，不给朋友添麻烦，才能获得朋友的喜爱进而拥有良好的人际关系。

许多人常对含有弦外之音式的话中话感到很费解，不能及时领悟朋友的言外之意，无端地增加麻烦，最后伤人伤己。其实，如果明白了"弦外之音"的表达方法，话中之话也就不难破译了。

在很多时候，人们即使想隐藏自己的真实情感，但是说话的音调和表情动作也会泄露出自己的真实想法。作为朋友，在了解朋友平时性格的基础上，听朋友说话时注意这些细微的变化，就能更快、更准确地听懂朋友的话外话，明白朋友的"弦外之音"。这样在与朋友交往中才能及时采取措施，不给朋友添麻烦，得到朋友的喜爱和认可。

有这样一个故事：美国总统华盛顿对自己的秘书说："我不太明白，英国很多阶层的男士都可以叫绅士，官员可以叫绅士，律师可以叫绅士，医生可以叫绅士，商人可以叫绅士，甚至无业的人也可以叫绅士。贵族里有绅士，贫民里也有绅士。为什么这么多人，各行各业的人都可以叫绅士？你去帮我打听一下，绅士到底是什么意思。”过了两个多小时，秘书回来跟华盛顿说：“给您查到了，绅士就是不给别人添麻烦的人。”这位秘书一句平实的话却道出了一真理：绅士就是不给别人添麻烦的人。听懂弦外之音，做一个绅士，谁会不愿与绅士交往呢？

（1）随机应变也是一种交际策略

一个人在听懂“弦外之音”后也要懂得随机应变。一个人只有学会变通，始终以不变应万变，才能获得更好的人际关系。在人际交往中，只有懂得“变”的法则，才能真正把握机会，逢凶化吉，转难而易。否则，就往往会碰得鼻青脸肿，头破血流。所以在保持人生准则的前提下，适当地学会随机应变，将使你获得更好的人际关系，进而在社会生活和工作中受益无穷。随机应变主要表现在：

◆ 不以自己为中心。与别人进行沟通，多考虑别人的感受。

◆ 明白对方的个性。如：对方喜欢婉转，应该说含蓄的话；对方喜欢率直，应该说急切的话等。

◆ 根据对象的不同而采取不同的言语方式。如：根据交往人的地位和品位采取不同的方式。

（2）不要自作聪明

不要自作聪明，揣摩朋友的心思。朋友之间的交往很多时候是自然、真实的。虽然有时交往中朋友会因为不同的环境而说出一些话外话，但是注意不要对朋友的每句话都自作聪明的妄自揣摩。这会让你们之间的交往变得复杂，影响本身的友谊。这样的做法不仅不能让你获得朋友更多的好感，甚至还会给朋友留下一种小聪明、虚伪的印象。

第五章

懂得“深藏”知道“露”

——与上司相处的心理学原则

1 帮助上司树立权威

一个人能否在职场中顺风顺水，一个很重要的因素就是能否与上司和谐相处。能否得到上司的赏识，不仅在于你努力工作的程度，更在于你是否懂得与上司相处的艺术。

社交陷阱

如果你在工作中不懂得给上司台阶下，甚至不懂得给上司留面子，那么一旦引起上司反感，你以后的工作也就会受到阻碍。

在职场上，每个人都会遇到形形色色的问题，而这些问题的根源通常都在上司。对于每个职员来说，上司赏识你就有可能会有前途。不能引起上司的注意，你付出再多，上司看不到，你也很难有收获。人都是爱面子的，在上司下属面前也都非常注意自己的威信，如果能够帮助上司树立威信，试问：这样的下属有哪个上司不喜欢呢？

方法运用

在与上司相处时，要不卑不亢，同时又要注意维护上司的权威，更能获得上司的好感。

（1）与上司保持适当距离

虽然获得上司的好感对你的职场生存有很大好处，但是也不要时时围绕在上司面前，这样的做法在引起上司注意的同时也将引起上司的反感。久而久之会给上司留下一个不务正业，只会溜须拍马的印象，反而对自己不利。下属与上司，好比两块磁铁，只有距离适当时，相互间的吸引力才最大。

（2）行动比空洞的奉承话更有吸引力

处理好与上司的关系，还有很重要的一点，就是用业绩说话，通过你出色的工作表现来赢得上司的好感。大凡正直而素养较高的上司，都喜欢任用有工作能力、有敬业精神的下属。很多时候，你不必花太多的心思去琢磨怎么和上司搞好关系，你只需要在你的工作岗位上尽情地挥洒才华，出色地完成工作任务，不断创造出让人刮目相看的业绩，就一定能赢得上司的赏识和器重。

（3）不要在同事面前过于讨好上司

一味地只会讨好上司，而忽略自己所处的环境，会给同事留下巴结上司的印象。这样即使获得了上司的好感，也无法在同事面前无法立足。不能融入工作环境中，那又如何能做好工作呢？在围绕上司的同时你也要注意同事的感受，获得上司的好感，赢得同事的尊重，才能在职场中游刃有余，步步为营。

（4）及时与上司沟通

遇事要多和上司沟通，这样既便于你准确地领会上司的工作思路和意图，也能让上司了解你的想法和意见。这样在引起上司注意的同时，也能增进彼此的了解，让你的努力不会付诸东流。

2 效仿上司的做法，先得到认同再搞创新

社会交往中，人都不是独立存在的，而且人们的自我评价大多从别人的看法中得出。我们之所以能够认识自己、肯定自己、喜爱自己，都是通过与别人的相处，从别人的评价中得到的。所以获得他人的认同就是赢得了他人的尊重，而这种尊重会让人心情愉快，并从中获得动力。

社交陷阱

一些职场新人在刚进入职场时，为了展现自己的能力和个性而追求创新思路，在工作中花样百出，完全不把上司放在眼里。这样的做法势必让

上司用挑剔的眼光看待。如果一直在上司挑剔的目光下工作，也不会有太大发展空间。

作为下属，很多人都纳闷：为什么自己喜欢的上司也会喜欢自己，而自己不喜欢的上司也对自己没有什么好感呢？其实，当你向上司传达喜爱、尊敬时，上司也会感觉到，慢慢对你产生好感。而你在面对不喜欢的上司时，上司也会从你的动作神态中察觉到。

方法运用

人们在职场工作状态渐渐稳定之后，往往会陷入瓶颈阶段，业绩上难以出现新的突破和提高，所以工作就要有创新。创新是建立在获得上司认同的基础之上的。下属想要获得上司的认同，最好的办法就是效仿上司的做法。

小顺现在是一个职业经理人，但在刚进入职场时，却因为方法不当而倍感艰辛，好多次都想放弃工作，但是后来因为一位同事的提醒，他才有了今天的成就。

刚进入公司时，才华横溢的小顺不了解上司的性格和做事方法，每次他的方案都会被上司压下来。他非常郁闷，甚至有过想要离开的念头。后来一位同事提醒他说：你想要实现自己的方案，首先要获得上司的认可，你先了解一下上司的性格和做事方法，模仿一下，这样肯定会获得上司的认可，之后你的方案不就可以顺利进行了吗？小顺听后恍然大悟，于是按照同事的方法做了。正如同事所言，他获得上司的认可，随着他的方案一个一个地实现，他才逐步走到了今天的位置上。

小顺最后的成功并不仅仅是能力的提高所带来的，而是他改变了自己的处事方法。

（1）不要刻意模仿上司的动作或表情

在效仿上司时，注意不要刻意模仿。刻意模仿在上司看来会误认为你在取笑他，反而不利于获得上司的好感。在同事看来讨好的意味太重，也不利于与同事的相处。

（2）效仿上司的做法不代表放弃自我

有些人在效仿上司做法的过程中，慢慢放弃了开始自己的想法，逐渐形成一种习惯，最后以上司的做法作为自己在职场发展的准则。每个人都有自己的行事作风，在效仿上司做法的过程中，要保留自己的想法。在获得上司的认可后，要按照自己的思路进行创新，这样才能走出不同的路，找到更适合自己的位置。

3 “曲线救国”，委婉向上司表达不同意见

每个上司都有不同的行事作风和思维想法。这可能会与你的想法相违背，但是也要先遵循上司的想法做事，这样才能获得上司的认同。当然，上司也有说错话的时候。当上司说错话的时候，你该怎么办？这当然没有一个一成不变的处理模式，但是可以尝试使用“柔术”，用“曲线救国”的委婉方式向上司表达出不同的意见。

社交陷阱

工作中当下属和上司意见不合时，作为下属绝不能当面直接反驳上司的话，更不能直接顶撞上司。如果下属性格耿直，当面与上司“辩论”轻则影响上司对你的看法，重则伤及上司的自尊心，招来上司的反感。

在职场上，有时尽管你不认同上司的行事风格，但是仍然要调整自己的做事方式来达到上司的要求。但是当出现一些无法进行自我改变或上司要求过分时，也要敢于说出自己的想法和要求。这时表达态度也是有技巧的，如果当众或直截了当地说出自己与上司的不同意见，那么很可能造成上司的不快，轻则拒绝你的要求，重则对你怀恨在心。

张忠是个心直口快的人，说话办事从来不会拐弯抹角。这种性格让他在职场中寸步难行，吃尽了苦头。

在公司经营状况不善的情况下，老板觉得自己的员工都不努力，对公司没什么贡献，就压缩员工的工资。这引起了很多人的不满，其中自然也有张忠。当张忠知道这一消息后立刻找到老板，直接表达了自己不满并要求老板提高工资待遇，而且说话没轻没重。这让老板十分生气，最后老板不但当面拒绝了张忠的要求还在工作中对张忠处处为难。不久张忠就离职了。在张忠走后又一员工向老板提出意见，他说得客气婉转，最终老板答应提高工资待遇。员工们也更加努力工作，公司的效益比前一年还增加了一倍。

张忠的失败之处就是不善于与上司交流。用直接的方式去指责上司，让上司很不快，最终吃亏的是张忠自己。

方法运用

在对上司提意见时要注意场合、分寸，要讲究方式、方法。委婉地向上司说出自己的意见或要求，这样既能保住上司的面子，也能表达自己的意见。也会让你职场之路更加平稳，工作更加顺利。

还是回到上边张忠的那个案例。另一位员工向老板反映情况时的和张忠完全相反。他没有直接向老板要求提高工资待遇，而是面带微笑地向老板反映员工们的工作状态。“老板，我想跟您反映一下现在员工的工作状态”。听到这句话，老板自然愿意接着听下去。接着员工又说道：“现在大家都不能按时来公司上班。因为坐不起出租车，而公交汽车又太挤。”老板听后说：“那步行上班嘛。”员工听后说道：“现在大家都反应走路太费袜子和鞋，说现在连买鞋都已经买不起了。我刚才建议大家都光脚上班算了。您看呢？”老板听了有些尴尬，笑了笑说：“不太合适吧，我知道你的意思了，我考虑一下。”最后员工又说了许多提高待遇之后的好处，最终老板才拍板决定给大家加薪。而这名员工不仅为大家争得了利益赢得了同事的尊重，也因为顾及到了老板的面子，获得了老板的重用，被很快升职到了主任的位置上。

这个员工也想要达到提高工资待遇的目的，但是方法却和张忠截然不同，结果更是天壤之别。区别于张忠的直接，这个员工采取了“迂回战术”，以汇报工作的名义，婉转地向老板表达了大家因为工资低，没有工作积极性的现状。用没有“要求涨工资”的语言表达了想要涨工资的意愿，这就是这个员工的高明之处。

（1）婉转表达不等于说话没重点

在向上司表达不同意见时，语言婉转不等于见风使舵，更不是没有重点。要以提出建议，让上司接受为终极目标。一味地说话绕圈子，没有重点，这样不仅不能达到目的还会让上司摸不着头脑，不知道你要表达的意思，甚至给上司留下说话啰嗦，没有工作能力的印象。这样的委婉方式对你没有任何帮助。

（2）增强能力说话才更有说服力

让上司看到你的成绩，对你的能力加以肯定之后，你的意见自然会引起上司的注意，这样才能认真思考你的建议。如果接纳那也就达到了你的目的。如果遭到拒绝，你不妨听听被拒绝的原因，这也能从中学习更多的知识，这样对你以后的工作也能有很大的帮助。

4 把赞美说到上司心坎上

没有人会拒绝接受别人的赞美，上司也是如此。与上司交往，有时真诚的赞美能让上司对你青睐有加，帮你铺开更宽广的职业之路。但是如果这一点你用不好，虚假的赞美将成为让上司讨厌你的开始。

赞美说得不切实际，就显得虚情假意。所以既然要赞美，就一定要赞美得恰到好处、真心实意，把美言说到上司心坎上。

社交陷阱

赞美得过于刻意，就会让上司觉得你虚情假意，对你好感全无。把握不好赞美的度，你不仅得不到关注，反而会招上司厌烦。

在热播电视剧《杜拉拉升职记》中，杜拉拉的顶头上司玫瑰收到一份来自新加坡的快件，打开之后是一条漂亮的名牌丝巾。杜拉拉的同事海伦和麦琪心照不宣：似乎是玫瑰老公寄来的。于是两人大呼对玫瑰的幸福感情羡慕不已，并作羡慕状，把玫瑰哄得乐不可支。

海伦和麦琪赞美上司不动声色，轻松随意，而优越感却早已流入玫瑰心里，即便脸上有些许不开心，也因为两位下属的艳美之词而报以笑颜，心情也阴转多云。

方法运用

赞美上司不需要特意，更不需要刻意。与上司交流，也不需过于拘谨，有赞美上司的机会，你就自然流露，创造轻松的谈话氛围，这样上司也能自然接受，并且受之在心。

在很多人眼里，赞美似乎都是美言的结果，会说才是王道。其实并不完全如此，做也非常重要。用行动赞美也是赞美。

还是回到《杜拉拉升职记》，杜拉拉提议将提交月报告改为周报告，当玫瑰要求麦琪、杜拉拉和海伦提交每周工作报告时，杜拉拉担心自己的报告玫瑰看不上眼，则突发奇想：既然玫瑰也要每周向她的上司提交周报告，为什么不套用玫瑰周报告的格式？这样事事以玫瑰为标准，让她感觉自己就是女皇，身边下属都是她的丫鬟，那么玫瑰读我的报告时不仅看着顺眼，而且优越感也会油然而生，不是吗？她把想法告诉身边的海伦，于是两人按照玫瑰写周报告的格式准备了自己的那份。而麦琪在准备报告的过程中非常不耐烦，认为频繁提交报告太麻烦，就按照自己的想法制作了一份。

结果，玫瑰在读取周报告后有了截然不同的反应，受表扬的当然是杜拉拉和海伦，麦琪则被玫瑰挑三拣四，并被要求按照杜拉拉的报告格式再写一份。

难道麦琪的报告真的不好吗？杜拉拉的报告就一定完美无缺吗？未必，只不过是麦琪的报告格式不入玫瑰的眼，行文风格不入玫瑰的心罢了。而杜拉拉则恰好满足了玫瑰的虚荣心，提升了玫瑰的优越感。

方法运用

下属用行动来表达对上司的崇拜，远远比“说”更见成效。在行事中学习上司的做事风格，在上司心里打上一个烙印：我是您的徒弟，我的身上处处可见您的影子。

贴心忠告

（1）不要自以为是地揣摩上司的心理

作为下属，为了得到更好的展示和发展机会，难免会对上司的有所揣摩，大到一件事情的决定，小到一个动作、一个表情，似乎都觉得有着什么特殊的含义。揣摩上司的心理，这很正常，但是常有下属在这件事上栽跟头，看上司绷着脸，就猜想一定是自己做错了什么，一看上司没有回应，就认为是自己说错了话。

其实再怎么揣摩，我们也不住不进上司的心里，再多观察也只是表面之功，我们只能尽量客观，却无法做到绝对准确。多看、多听、多思考，站在一个自然人的角度，客观地去分析上司的行为和语言，而不是只以自己的身份出发看上司，你才能对上司的心理有更多的把握。

（2）赞美上司真诚自然是关键

没有人喜欢虚情假意的赞美，特别是上司。你越是刻意为之，上司对你的印象越差。与上司交往，更要表现得自然轻松，赞美也要说得不露痕迹，自然会令上司喜上眉梢，对你青睐有加。

（3）学习上司的做事风格，但要有自己的想法

学习上司的做事风格，会增加上司对你的好感。但同时你也要有自己的想法和独特之处，让上司接受你的同时，也能发现你的独特之处，这会让他更喜欢你。

5 功劳是上司的，苦劳是自己的

能力强的人对于上司交给自己的任务通常能够很好地完成，但是却有很多能力强的人在做出成绩后得不到上司的认同和肯定，原因就在于他在面对成绩时不懂得避嫌，大包大揽地接受领导的夸赞。

社交陷阱

有些员工为了暂时的利益与上司争功，在面对领导夸赞时不懂得谦让，这就为自己以后的工作埋下了一颗定时炸弹。

小崔是一个能力很强的员工，每次上司交给的任务都能完成，在职场中也做出了成绩。但是令他很郁闷的事情是上司对他的态度越来越严肃，而且交给他的任务也一次比一次简单，这让小崔十分不解。在同事的提醒下小崔才知道了其中的原因。原来以前每次小崔在完成上司交给的任务后，因为业绩突出都会引起领导的注意。而领导为了鼓励他，就当众夸赞他，而小崔的顶头上司通常也在众人当中。每当领导夸赞小崔时，他都毫不谦虚地全部接受，并没有一次提及上司的作用。上司心里自然不愉快。

小崔的失败就在于，在功劳面前毫不谦虚。

方法运用

在上司面前，取得成绩要学会低调处理。上司对于你的贡献心里有数，也自然而然地会把“苦劳”留给你。这样在以后的工作中，上司也就会对你多加照顾，获得了上司的认同和好感，工作也会更加顺利。

在职场中，成绩优秀、能力出众，获得领导赞誉并不是你的唯一制胜法宝。在职场中，有时决定你前途的不仅仅是你的能力，还是为人处世的方法和态度。

名校毕业的张永来到一家公司工作。实习期间由于能力强，工作努力，在第一次完成上司交给的任务时，表现出色并获得了不小的成绩。公司领导在得知消息后，十分高兴亲自来到张永的工作部门对张永进行表彰。张永在面对领导的夸赞时虽然受宠若惊，但很快就调整好自己的心态，不急不躁地说：“主要还是我们部门领导好，我刚刚从学校毕业，部门领导对我帮助很多。这次要是没有他的帮助，我是不会取得这么大的成绩的。我只是做了我应该做的事情。”上司除了对张永的表现十分满意外，对他低调不争功的表现也是赞不绝口，之后不久，张永就转了正，正式成为了公司的一员。

贴心忠告

（1）不争功不代表不努力

有些人会产生这样一种误区：做出点成绩怎么还那么麻烦？那我干脆老老实实地做好本分就算了。这是一种对自己很不负责任的表现。虽然在职场获得成功不仅在于能力突出，但是优秀的能力却是职场生存的关键。没有老板喜欢工作不努力，没有工作能力的员工。所以，想要在职场中获得成功也要注意培养自己的能力。记住：努力不一定有收获，但是不努力就一定没有收获。

（2）苦劳是过程，功劳才是结果

在做出成绩时，为人低调，但苦劳只是一个过程，在积累到一定程度时，你要把苦劳转化成功劳。功劳才是最后的结果。

6 维护上司的面子

常言说："人要脸，树要皮。"脸面代表了一个人的形象和自尊，所以人人都在乎自己的面子。在职场，良好的形象有利于一个人获得成功。

社交陷阱

在职场中，上司的面子有时就代表着他在下属面前的威严。如果在职场中直言不讳不给上司留情面，伤及上司的威严，你的饭碗也将难保。而且"面子"有时就意味着尊严。不给上司留面子，就是不尊重上司，这样的结果也就不言而喻了。

上司十分注意自己在下属面前的威严，特别是有众多下属在场时。不给上司留面子就是伤及上司在下属面前的威信。

方法运用

当你对上司有不满或是上司出现错误时，要学会私下解决。

下属在给上司提意见的时候要注意时间和场合，一定要注意给上司留面子。那么应如何做到这点呢？以下几点会给你帮助。

（1）表明你对上司是善意的

善意的建议是出于对上司的关心和爱戴，是为了帮助上司做好工作。上司在明白这点后不但不会对你产生反感，相反地，他会愿意并理智地分析你的看法。

（2）表明你是尊重上司的

表明你对上司的尊重，你依旧服从他的权威，你的意见并不代表你在指责他，相反，你是为工作着想。这样做其实就等于给自己留下充分的余地，这样就既不会让上司觉得反感，也给自己留下了退路。

（3）表明我只是行使了一定的建议权

下属都有一定的建议权。你行使了这一权利，而上司仍保有最终决断的权威。这样做可以为自己留有余地，做到进退自如，一旦提出的意见并不确切或恰当，还有替自己找回面子的余地。

贴心忠告

（1）与上司公私分明

虽然都是为公司打工，但是不同的等级就代表不同的身份。上司之所以能成为上司，肯定有他的过人之处。在工作中明确你与上司的关系，上司就是上司，即使在生活中是很好的朋友，但在工作中也要有所顾忌。一旦把生活中的习惯带到工作上，不仅会影响你们的友谊，而且在工作上公私不分，也会对彼此的工作都产生不良的影响。

（2）做好本职工作

作为员工，要时刻记得你的工作。在职场即便是靠关系升了职或是加了薪，那也会引起同事的不满。不能和同事和谐相处，也会对工作产生不良影响。所以一定要做好本职工作，在这个基础上才能被上司看好。做好本职工作首先要弄清以下两点：

◆ 你到公司的职责是什么？

◆ 你为什么要来公司工作？

明白了这两点，时刻想着自己的目标和职责，才能更好地做好本职工作。

（3）上司更喜欢在工作中有用的朋友

其实上司与下属朋友关系的最佳体现方式不仅是在下了班之后，更要体现在工作中。在平时的工作中为上司尽绵薄之力，排忧解难，这样不仅可以让你的工作能力得到体现，也让你有了更积极的态度。让上司觉得你是一个对他工作有帮助的人，这样不仅在生活中能够获得友谊，在工作中你也会获得上司更多的帮助。

7　初入职场不要锋芒毕露

在生活或工作中，人一旦做出一番事业，就难免要居功自傲，但是后来我们发现这样做的下场往往比无所作为的人更惨。韩信可谓功高盖世，声名显赫位高盖主，但是最终却下场可悲。韩信是刘邦的大将，为汉朝大业的开创立下了汗马功劳。但因功高盖主，引起刘邦疑心，被吕后用计杀害了。

从韩信之死来看，有功之臣必须学会遮掩自己的锋芒。如果居功自傲，不但不能得到安宁，弄不好反而招来灾祸。

初入职场的人才，往往都急于显露一下自己的才能和实力，盼望尽快得到领导的认可，让公司里的人刮目相看。因而表现得锋芒毕露、急于求成，凡事都争强好胜，这样不仅不能达到预期目标，反而引起别人的反感，为以后的工作增加阻力。

社交陷阱

在职场中，才能出众的员工经常能获得领导的赞誉。但是就算你才能出众，气势压人，时常提出一些高明的计策，也不要在初入职场时锋芒太露，不把别人放在眼里。否则让别人对你产生了嫉妒之心，就会为你的工作增加阻力，甚至断送大好前程。

王宏是一名刚刚进入职场的毕业生，不过因为他处事精明，勤奋好学，也经常能够提出一些意想不到的好计策，使公司在同行中处处占得先机，因此深得部门经理和主管的喜爱。主管更是处处关照王宏，努力地培养他。

在公司工作一年多以后，王宏因工作表现出色而将被提升为部门的副主管。同事们都替王宏高兴，而这里的一大份功劳要归功于王宏的伯乐——部门的主管，正是因为有了他的一再推荐，王宏才能很快被公司提拔，晋升为管理层的人员。

升职后，王宏工作起来更加努力，做事也显得更加成熟。而这时候，主管与他相比，就显得有些暗淡。在公司传出经理要在年底退休，王宏将有机会接替他的消息后，王宏开始感受到一些微妙的变化：一向很支持他的主管近来老是有意跟他唱反调，对他的态度也有些冷漠，而且还经常有意无意地在经理面前说王宏人格有问题之类的坏话。最终因为主管的原因，王宏没能得到升迁的机会。

如果王宏能够保持低调，学会韬光养晦并和上司搞好关系，打消上司的戒心，那么机会就不会在上司的干预中溜走。正因为王宏的功高盖主，上司才对王宏多加防备，在经理面前给王宏穿小鞋。

方法运用

初入职场时要注意：不论你有多聪明，学历有多么高，都要学会韬光养晦、低调做人。收敛自己的锐气，学会主动学习，取得成绩时戒骄戒躁，这样才能在工作中找到合适自己的位置，获得上司的重视和赏识。

在职场中，做任何工作都不要锋芒太露。适当地展现自我才华，可以给上司和同事留下良好的印象，但是如果超出一个度，甚至招来他人的嫉妒那就可能会影响你的前途。工作是靠团队合作共同完成的，只有在工作环境和谐平衡的情况下，团队才能做出更好的成绩。

职场新人想要遮掩锋芒就要做到以下几点。

（1）学会调整现实与理想的差距

在刚进入公司时有很多职场新人都是雄心万丈并且抱有很大抱负。但是现实总是比理想要残酷得多。所以要学会调整现实与理想之间的差距，当在职场遇到困难或不快时要平稳心态，要找出平衡理想和现实的方法。在某些可以妥协或让步的时候，适当放低自己的姿态，这样才能够走出一条属于自己的职场之路。

（2）与上司要常沟通

团队合作是任何一个企业的文化要求，职场新人也要注意团队的影响。当你工作产生不满或抱怨时，这种情绪可能就会在无形之中影响了整个团队的合作氛围，一旦领导感觉到你的恶劣影响，后果是可想而知的。而且领导一般不会找你谈话，一旦领导找你谈话，肯定好事不多，所以最好主动找领导沟通，以便在沟通中对自己有个清晰的定位。

经常与上司沟通也可以知道你工作中的不足，了解上司的态度，从而调整自己的做法和态度。

（1）隐藏锋芒但不要自我制约

对每个有上进心的职场中人来说得到晋升是每个人都想达到的目标。韬光养晦是为了等待时机，而不是一味地制约自己。约束自己的行为会使自己处处碰壁，才能得不到发挥，长此以往，给老板留下一种才能平庸的印象，那就会为你的晋升之路添加阻力。

（2）假意装傻让上司更反感

上司们大多不喜欢那些能力过人、技高一筹的员工，太过锋芒会让他们觉得刺眼。但是为了遮掩自己的锋芒，故意在上司面前装傻，你将更难赢得上司的好感。如果你对上司的命令明明已经清楚了，但为了显示自己的“愚钝”还总是不停地询问上司的意思，这就很容易引起上司的反感。一个让上司感觉沟通费力、愚蠢虚伪的下属，很难赢得上司的好感，反而还让上司感觉厌恶。

8　让上司给你分功绩，学会邀功

生活和工作中经常会看到这样一种人，他们总是逆来顺受，任劳任怨，安分守己，埋头苦干。他们对人对事都十分地谨小慎微，即使别人得罪了他也不怀恨在心，而一旦对他们有所恩惠，就会得到他们的付出和报答。

这样的人在现代社会中俨然就是一个“老好人”。

社交陷阱

在职场中，一些员工常常羞于争利，不敢向上司邀功，甚至自己的利益受到侵害时也只是一味地忍让、退缩，这样的结果最终只能使他们在职场中无所适从，利益受损。

李远是一个老实本分的员工，但是工作能力很强。他从公司跳槽后，来到一家新成立的汽车销售公司工作。做了三个月后，李远发现自己做成的业务汇报到上司那里就都变成了上司的业绩。这让李远十分气愤，但是因为面对的是自己的顶头上司，他敢怒不敢言，只是一味地忍气吞声。这一再打击了李远的工作情绪。渐渐地李远对工作失去了信心，没有业绩就没有回报，而有了业绩就会让上司抢功，最后李远不得不离开了公司。

李远的经历告诉我们，在职场上安分守己固然没错，但是不敢于争取就会处于被动，长此以往还会影响工作。

方法运用

所谓“君子爱财，取之有道”。争取自己分内的利益是再正常不过的事情了。所以在职场中，只要不是建立在损害他人利益的基础上，就应该大胆地去争取自己应得的利益。

在职场中，当人们经历了四处碰壁被撞得伤痕累累时，多数人在稳定下来后会选择一种安分守己的工作态度，以免自己再次受到伤害。但是安分守己并不代表缺少勇气和胆识。在面对自己应得的利益时据理力争，锱铢必较并不丢人，也与道德无关。职场中人必须学会向上司邀功。这样才能确保自己的利益不受侵害，工作也才更有动力。

但是应如何在与上司不伤和气的情况下邀功呢？以下几点相信对你有所帮助。

（1）用事实和上司沟通

在工作取得成绩时，就要用事实和上司直接进行沟通，但不是开诚布公地讲明向上司邀功，而是委婉地提醒上司你在此次工作中的作用和贡献，让上司意识到你的付出。可以委婉表达出在工作中遇到的困难和克服时付出的努力，这样不用明讲，上司也能很快地知道你的意思。

（2）及时向上司汇报工作进度和收获

邀功不是一时的，而是长期不断地表现。在工作中经常性地向上司汇报工作，展现你的努力和能力，虚心求得他的指教，并不断改进方向，减少失误。这样可以更好地让上司了解你的付出。但是在运用这一技巧时要注意面对不同的上司要有不同的方法。如对那些只看重结果的上司，不要过于累赘地报告过程；而对于细节比较敏感的上司则最好事无巨细，报告清楚。在工作中及时报告自己的工作进度、工作收获也是邀功的好方法。

（3）委婉地阐述自己的功劳

委婉地阐述自己的功劳。比如："我觉得在上司的帮助下，这个案子完成得非常棒，客户非常满意！其中，上司起了××积极作用，我做了××工作。"

（1）在领导面前树立良好的人格地位

在职场中不同的上司有不同的处事方法。当你遇到一个小心眼的上司时，向上司邀功就变得难上加难了，所以要学会采取"迂回战术"。可以通过和领导直接对话的机会汇报自己的工作，多提对公司发展有利的建议，在领导心里树立一个良好的人格地位，那么在你取得成绩后，就不会再轻易地被你小心眼的上司抢走业绩了。

（2）切忌直接邀功

虽然是争取自己应得的利益，但是也要注意分寸。学会婉转地邀功，不要急功近利地直接向上司表达自己争取利益的想法，这样会让上司感觉你很浮躁，工作不安分。一旦给上司留下这样的印象，那么你以后的工作就会受到阻碍，也难以获得上司的器重。

（3）做好自己的本职工作

无论上司或领导都喜欢要结果，努力工作、做好你的本职工作并做出好成绩才是你邀功的基本条件。努力工作也是你的责任所在。

9 绝不能替上司拍板

作为员工在职场中想要成为上司的得力助手，就必须掌握办公室工作的特点，要明确自己的位置，更要有作为下属的意识。有许多人在职场中一旦取得了一些成绩，获得了上司的器重，就觉得飘飘然，当上司交给自己一些重要的任务时，就觉得同时也是赋予了自己决策的权利。

作为下属要切记：无论什么时候都要知道分寸。有很多职场新人都有这样的毛病，在不该说话的时候说话，在不该做主的时候做主。好像在他们看来，上司的信任就是给予了自己权利。同时他们认为这样做是对的就直接这样做了，并没有征得上司的同意，并且也毫不顾忌上司的想法，这在职场是一大忌讳。

社交陷阱

虽然有些上司对自己身边的亲信或得力助手都比较依赖，但是不管他们怎样依赖你，他仍然是上司，在工作出现问题时还是他来承担公司的风险，而绝不是你。因此在工作中，即使你是一个很好的决策者，但是最后都需要上司点头之后才能实施。否则，轻则引起上司的不满，重则破坏上司的计划，影响整个工作。

公司是个团队，每个人都有不同的职责和权限。作为上司，除了平时的基本工作外，还负责整体工作的运行和策划。所以在平时的工作中，不要认为上司交给了你一项重要的任务，你就可以凭借自己对这项任务的熟悉程度而自作主张地做出一些工作决策。可能上司正在策划一些方向上的工作变动，如果你自作主张，替上司拍板，那很可能就破坏了上司的整体计划，这样的结果很可能使公司的利益受到损失，而上司对你的看法也可想而知了。

张宁是个非常优秀、工作能力很强的员工，所以在公司里也颇得上司的赏识。而上司出于对他的培养也经常交给他一些比较重要的工作。一次公司里忽然来了一通由上司直接负责的贸易供应商打来的电话，而上司恰巧因为工作任务出差不在公司，所以张宁接通了电话。当对方询问双方合作事宜时，张宁因为自己平时一向帮上司办事，非常明白要领，所以自己就处理了。

上司出差回来后，张宁向上司报告了这件事，原以为会受到上司的表扬，结果上司却对张宁大发雷霆。这让张宁十分委屈，但是在了解了事情的始末后，他又感到十分懊恼。

原来，上司这次出差就是特地去跟另一家供应商谈合作，打算换掉原来这家。这件事在秘密进行中，而张宁自作主张地替上司答应了这边的供应商，正好坏了上司的计划。最后公司因为张宁的自作主张损失了几十万元，而张宁也因此而触怒了上司，此后上司就再也没有交给张宁任何重要的工作。

这个案例告诉我们：作为下属要有下属的意识。要记住自己的职责和地位，想要凭借自己的能力和上司的器重而越权替老板拍板，最后就要付出相应的代价。

方法运用

在工作中，要清醒地认识自己的位置。要记住：再开明的上司包容心也是以公司利益为底线的。上司就是上司，即使平时对你的工作很满意，也愿意交付你一些重要的工作，但是作为员工，应该首先学会顺从，不要自作主张，要永远把做决定的权力留给上司。具有这样的意识，用这样的认真态度去工作，才能最终得到上司的信任。

相信不会有上司喜欢自作主张、替老板拍板的下属。一方面这种行为可能导致公司的利益受到损失；另一方面也是比较主要的一方面，上司会把下属的越权行为和对自己的态度联系起来。一旦下属有越权的行为，替自己做了决定，那上司就认为这是对自己的不敬，自然也对下属产生戒心。

作为下属一定要清醒地认识到自己的位置。在职场上，尤其是一些比较紧迫的事情，上司不在公司，但是又要急着做出相应的回应时，如果你的上司将事情交给你做，但是没有给你充分的决定授权权限时，一定不能自作主张。

如果事情比较急，你最好电话联系一下上司，或者是和对方说一下，上司不在，等上司做出回应第一时间和对方联系。如："真不凑巧，我上司正好出去办事了，我立即与他联络，请您稍等，我会尽快回电。”

如果对方表示情况紧急，需要你马上给予答复，或是你与上司没联络上，这时也不要着急，可以找其他上司商量。

总之，上司负责的事，你不能擅自决定。即使你是想“好意”做些好事，最后也可能事与愿违，反而给自己带来极大的麻烦，使自己陷入“聪明反被聪明误”的困境。

（1）多听取上司的建议

当自己想出一个很好的方案或建议时，下属要与上司多交流。但是要记住：向上司提意见是献策，而不是决策。哪怕你认为你的方案是最好的，也要多听取上司的意见。因为在公司中地位等级的不同，在考虑问题时也会有不同的出发点。

在提意见时，多听取上司的建议，可以让你的方案更加完善，也能让从上司身上学到职场中的潜规则，有利于你个人的发展，也有利于给上司留下一个谦虚好学的印象。

（2）做好基本工作随时恭候上司视察

在平时的工作中做好自己的本职工作，当上司视察时才能适时地拿出成绩向上司展示。随时恭候上司视察，不仅表现在做好平时的工作，更是展现了一种姿态。做好工作，并对上司尊重的好员工，相信没有上司不喜欢。

第六章

若即若离有距离

——与同事相处的心理学原则

1 不与上司面前的“红人”争宠

职场中有这样一类人：他们终日兢兢业业地努力工作，总是盼望着有一天会被上司看到并赢得上司的好感，可结果往往不能如他们所愿。同时，职场中还有这样一群人：他们一边努力工作不断提高业绩，一边又主动去与上司们处好关系，赢得他们的好感，此后他们成为上司眼中的“红人”，而加薪、升职也频频向他们招手。

前者常常被上司忽略，但是后者却成为上司眼前的“红人”。于是有些同事在看到这些“红人”所拥有的成绩后，嫉妒使然，他们就会与“红人争宠”。殊不知，这样的做法不仅不能为自己带来更多，反而会失去上司的信任和好感。

社交陷阱

能成为上司面前“红人”的下属都有过人之处。当你与他争宠时，为了保住自己的地位他自然会反攻，而上司出于惯性或个人爱好，往往对“红人”多一些信任，这就会使你陷入一个不利的境地——轻则受到他人的排挤，重则丧失上司对你的信任。

在职场中有各种各样的同事，有的安分守己，有的能力超群，有的踏实肯干。但是最让人羡慕的就是上司面前的“红人”。他们在工作中总能得到上司的帮助和夸赞。有些人为了获得和他们一样的特权，就开始与他们争夺上司的宠爱，但是这种做法往往不能达到理想中的目的，反而会对自己的工作产生消积的影响和带来不必要的麻烦。

完成一件工作一定是同事之间共同合作的结果，而不是靠某个人、某个部门的一次设计、创意就能简单地达到的。上司面前的“红人”必定有他的过人之处，所以才能获得上司的器重和信任。当完成工作后，你与上司面前的“红人”争宠，抢夺功劳的时候上司自然相信“红人”多一些。而对于你，也许是上司不够了解，也许是出于某种私心，总之你这样的行为只能给上司留下一种争功夺利的不良印象。这对你的职场之路也会产生不良的影响。

方法运用

同事之所以会得到上司的认可和信任，自然有他的过人之处。所以不仅不能与他争宠，而且还要和他处好关系甚至向他学习。在职场要记住：搞定上司不是你唯一的秘诀，学会与上司面前的“红人”相处，不和这样的人抢功劳，知趣地把自己放在正确的位置，才能赢得上司的好感。

职场中与上司相处融洽不是你驰骋职场的唯一秘诀。赢得上司好感的前提是要维系好与同事之间的关系，而善于与上司面前的“红人”打交道，更是你职场必学的技巧之一。

（1）虚心向“红人”学习

在与“红人”相处时你要注意自己的方式和态度，与其羡慕他不如做好自己的本职工作。必要时向“红人”虚心学习，不仅能给他留下谦虚好学的印象，还能增加同事和上司对你的好感。这样在学习中，不断进步、不断充实自己，积累自己的力量，总有一天你能吸引上司的眼球，赢得上司的好感。

（2）学会赞美拉近与“红人”的距离

赞美是一种行之有效的交往技巧，学会赞美能够拉近你与“红人”之间的心理距离，进而赢得“红人”的好感。

在工作中你不仅不能表现出对“红人”的反感和厌恶，反而应该学会赞美和肯定“红人”的付出和成绩。这样不仅“红人”对你心存感激，上司也会因为你的谦虚大度而对你好感倍增。

（1）职场自信让你更具魅力

人做什么事都要对自己有信心，不要因为别人说了什么，你就不敢去做，更不要活在别人的话语中。面对上司眼前的“红人”，不要认为你就比他差，这可能只是时间的问题，他可能只是比你提前了一步而已，所以不要怀疑自己的能力。

你除了努力做好自己分内工作外，在平时的工作相处中与同事见面都要面带微笑地与他们打招呼。俗话说：伸手不打笑脸人，你的笑容还可以给别人带来愉快的心情，给自己带来好的人际关系。这也是一种友好自信的表现。这样的为人处世可以让你更具职场魅力，进而获得同事的好感，有了好人缘，业绩自然也就会随之而来。

（2）“红人”面前不卑不亢

不是一味地谄媚就能让你与“红人”相处融洽，在与“红人”相处时，应该有不卑不亢的态度和举止。过低地放低自己的身价就有谄媚的意味，这会让对方觉得你没有分量，也就难以对你尊重。在“红人”面前你要有不卑不亢的态度，工作中要敢于提出自己的意见，对自己的利益要敢于争取，这样才能在工作中树立自己的形象，找到自己的位置。

（3）避免与“红人”发生直接冲突

工作中当你与“红人”的意见出现分歧时应避免与他发生正面的冲突。工作中给他留足面子有利于你和他的和谐相处，否则，让他在人前丢了面子，他很可能伺机报复，而他的特殊身份也会影响上司对你的态度和看法。

（4）努力成为上司面前的“红人”

不要一直纠结在如何与“红人”相处的问题上，这里要提醒大家的是：成为上司面前的“红人”才是你的目的。除了羡慕和嫉妒他们之外，你也要努力提高自己的能力，吸引上司的眼球。引起上司的注意你才能赢得上司的好感和器重，成为同事们羡慕的对象。

除了与“红人”搞好关系外，下面的技巧也能让你更快成为上司面前的“红人”。

◆ 认同上司的做法，投其所好。

◆ 观察上司的生活细节，了解上司的性格特点。

◆ 提前揣摩出上司的意思。

◆ 与上司交流时要表达流畅，可以提前打出草稿。

◆ 懂得退让，同时要显得得体等。

2 同事≠朋友，私事最好不要告诉同事

朋友是人生路上与你携手并肩的人，是危难时刻向你伸出援手的人，是情绪低落时为你擦干眼泪的人。而同事是在同一公司工作的人，虽然同事之间可以相处融洽，甚至默契十足，但同事就是同事，不是朋友。如果你为了拉近距离错把同事当朋友，那么很可能会给你带来不必要的麻烦。

交朋友除了志趣相投外，忠诚的品格是最重要的。一旦彼此相互选择，那就要彼此信任。忠实于友谊就是双方的责任。而同事则不同，一旦涉及双方的利益或工作，那彼此之间就会成为潜在对手的关系，所以同事之间很难成为知心朋友。

社交陷阱

职场上，最可能出卖你的那个人就是知晓你秘密最多的“密友”。要知道：同事之间除了合作伙伴关系，还是潜在的竞争对手。当工作中利益发生冲突时，平时所维持的“密友”关系就变得摇摇欲坠，而你所告诉同事的私事也会成为对方手里的把柄。

同事同事，仅是共同做事而已，即使是平时相处得再融洽，在工作中配合得再默契，也不能把同事当成知心朋友一样地对待，更不能把自己的私事告诉同事。因为同事之间只有利益相同的时候才能成为“战友”，而一旦彼此之间出现利益纷争，就会成为敌人。别人对你的事情越了解，你的胜算也就越低。小宇就吃过这样的亏。

小宇是××公司的一名新员工。在刚进入公司时由于要熟悉业务，公司安排了一位老员工——老韩来帮助小宇工作。在工作上，老韩对小宇确实帮助很多，而小宇也因为逐渐适应了工作而才华凸显。这不仅引起了上司的关注，同时也让老韩起了戒心，而小宇对老韩的心理变化却丝毫没有察觉。由于平时工作中老韩对小宇帮助很大，小宇就把老韩当成是老大哥一样对待。

在平时下班后小宇经常与老韩去喝酒，在酒桌上小宇经常把平时工作中的不顺和生活中烦恼向老韩倾诉。一次小宇在老韩面前提到自己的哥哥是做A名牌服装的代理人，自己平时的衣服都是哥哥那里的，不仅质量好而

且价格也相当便宜。

令小宇没想到的是：之后在他上班时经常有同事来找他，向他提出内购A品牌衣服的要求。开始时小宇不想因拒绝同事的请求而弄僵与同事的关系，所以对同事的要求都尽量满足。但是后来找小宇帮忙的同事太多，而哥哥的服装店也无法承受小宇这样多次的内购，小宇也因此大为头疼。在小宇拒绝了同事的多次要求后，同事对小宇的态度就出现了明显的不同：有的同事对小宇的行为看不上眼，有的甚至暗地里给小宇下绊子，最后小宇竟然因此莫名其妙地就丢掉了工作。

小宇可以内购A品牌衣服的这个消息显然是老韩透露出去的。知道的人越多，对小宇的压力也就越大。老韩作为老员工自然不希望有比自己能力强的人来抢自己风头。所以就出现了后来的一幕。这就是小宇把私事告诉同事的后果。

方法运用

所谓“害人之心不可有，防人之心不可无”，这在职场上是永不过时的。有些同事在某些时候可以在工作中给你帮助，但是切记：同事不等于朋友。在生活上要与同事保持适当的距离。自己对同事了解得越少，烦恼也就越少；不与同事谈及自己的私人生活，也就相当于保护了自己。

同事关系相处融洽本是好事，但是要记得过犹不及的道理。在工作中可以与同事默契配合，但是生活中就要与同事保持适当的距离。不把私事告诉同事就是不授人以柄，这样既保护了自己也能在职场中拥有稳定地位。

王兰在深圳一家电子公司工作。她虽然年龄不大，但是在公司却称得上是一位老员工了。深圳是一个人口流动很大的城市，公司中也经常频繁地有员工流动，而王兰却在职场中站稳了脚跟。别人都很羡慕她的稳定，而她却有着自己的一套职场理论。在王兰刚刚进入这家新公司时，就给自己定下五条铁的纪律：

- 不允许跟同事做朋友。
- 除了工作以外，私下里不跟同事过分接近。
- 在工作中不谈个人事情，下班后不谈工作事情。
- 不允许自己强求同事，也不允许同事把个人意志强加到自己头上来。

◆ 不参与对上司对同事的评价，并拒绝对职场内的其他一切人进行评价。

在一年多后，就是这五条铁律让王兰慢慢地在公司中站稳了脚跟。看到自己身边的同事来来往往换了几茬人，而王兰不但没有离开的担忧，而且在进入公司的第二年还迎来了自己升职的机会。这都得益于王兰的那五条铁律。

贴心忠告

（1）不与同事交心，但也不能与同事树敌

虽然同事之间关系不能走得太近，不能与同事交心，但是值得强调的是，也不能把同事放在敌对的位置上。在公司，千万不要得罪同事。因为同事是你工作环境的一个重要组成部分。你们不仅需要每天在一起工作，而且在生活中也会遇到。如果同事之间出现隔阂，不仅影响工作的正常进行，而且若矛盾很大的话，还可能造成你生活的困扰。

当你把同事放在仇视的位置上时，对方也不会对你有好感。遇到心胸狭窄的同事还可能想尽办法对付你。所以不能与同事树敌。当和同事发生矛盾时，不妨坦白直言或装装糊涂。当你展现了自己的坦诚或示弱后，与同事的矛盾自然大事化小，小事化了了。

（2）私事也分等级

有些私事不能说，但有些私事说说也没有什么坏处。比如你的男朋友或女朋友的工作单位、学历、年龄及性格脾气等；如果你结了婚，有了孩子，就有了关于爱人和孩子方面的话题。在工作之余都可以顺便聊聊，这可以增进你与同事间的了解，加深感情。如果连这些比较大众化的话题内容都保密，从来不肯与别人说，那就会给同事留下一个不合群的印象。

与同事相处，关键在于把握好一个“度”。无话不说，通常表明感情之深；有话不说，自然表明人际距离的疏远。你主动与同事说些大众化的私事，同事也会向你说，有时还可以互相帮帮忙。你什么也不说，对生活中的事绝口不提，就很难取得同事的信任。

（3）请同事帮些小忙

轻易不求人，这是对的。因为求人总会给别人带来麻烦。但有时求助别人反而能表明你对别人的信赖，能融洽关系，加深感情。比如你身体不

好，你同事的爱人是医生，你不认识，但你可以通过同事的介绍去找，以便诊得快点，诊得细点。倘若你偏不肯求助，同事知道了，反而会觉得你不信任人家。你不愿求人家，人家也就不好意思求你；你怕麻烦人家，人家就以为你也很怕麻烦。良好的人际关系是以互相帮助为前提的。在某些时候，请同事帮个小忙，也是增进彼此关系的方法。

3 谨记一视同仁，切莫厚此薄彼

同事的能力有强有弱，地位有高有低，即使是在做同一件工作，能力高的同事也做得比别人完美，总是获得上司的认可和夸赞，在上司心中争得比他人相对较高的地位。

作为那些能力较强，在上司面前比较受宠的同事，难免有人追捧。这就出现了一种情况，也是职场中比较常见的现象——有些人只和能力优秀或气味相投的同事亲近，而冷落其他同事。这样的做法很容易引起抱团现象的出现。一旦出现小团体，难免引起上司和其他同事的关注和警惕，这对于你职场的正常发展很不利。而且只与能力优秀的同事亲近，还会给其他同事留下“欺软怕硬”的印象。

社交陷阱

在职场中，没有绝对的强者，也没有永远的弱者。如果你在职场中在心里把同事划分成三六九等并且不同对待，那么你的这种态度会被弱者痛恨，而且也不会真正被强者接纳。这样就会把自己推入一个进退两难的地步。

人各有各的长处，也许在职场中工作能力不强，但是却善于交际；也许与同事相处不融洽，但是却善于赢得上司的好感。在职场中，能力和业绩不是衡量一个员工是否优秀的唯一标准。在工作中只亲近能力优秀或脾气秉性相投的同事，就在无形中得罪其他同事，从而影响你正常工作。

赵磊在工作中非常善于察言观色，而且思维灵活，能够很好地领悟他人的意思并及时做出最合适的举动。但是已经进入公司两年的赵磊依然没有得到晋升的机会，仍然在公司最底层做事，赵磊十分懊恼和沮丧。直到有一天，赵磊在休息室无意之中听到了一个老员工对一个新员工说出自己的问题，这才使赵磊恍然大悟。原来问题就出在他与同事交流的态度上。

赵磊一直认为，在工作中，只有能力强的人才能成为自己职场中的助力。所以他一味地与能力强的人亲近，而冷落能力一般的同事。渐渐地，他不仅没有为自己的工作增加助力，反而因此失去了同事的好感。强者因为他的目的性过强而不愿接纳他，而弱者更是因为他的冷落而心怀不满。每次有升职的机会来临时，他都会因为过不了同事这一关搁浅。

赵磊的失败就在于：他忽视了同事的作用。在与同事交往中，他抱有很强的目的性，这让同事们产生了戒心，从而不愿接近他。

方法运用

在职场中，工作能力并不代表一切，态度也非常重要。在职场中对同事一视同仁，用和蔼谦逊的态度对待身边的每一位同事，会让你赢得大家的好感。也许在你困难时，唯一帮助你的就是那个经常被其他同事欺负，而你却一直微笑面对的那个同事。

职场是个大环境，同事之间相处融洽心情才舒畅，和每一位同事关系友好也意味着给自己营造了一个良好的工作氛围，有助于更充分地发挥你的潜能。用充满善意的方式来表达自己，别人也会以同样的方式来回报你。

在工作中一视同仁，与同事相处不厚此薄彼，这样才能让你拥有更好的人际关系。那么应如何做到这一点呢？以下几点可以供你参考。

（1）工作中互相尊重

每个人都有受人尊重的愿望，希望能有更多自我表现的机会。如果这种愿望能充分地得到满足，就会产生一种动力。尊重你的每一位同事，让他感受到你的友好与热情才能得到同事同样的回报。不要小看职场中那些安分守己的同事，尊重他们可以更好地笼络他们的心，因为其他同事的忽略与你的尊重在他们心中形成了明显的对比。在你需要帮助的时候，也许其他同事会袖手旁观，而真正帮助你的却恰恰是那些平时不起眼的同事。

（2）平等交往赢得人心

平等待人是一种美德。无论我们担任什么职务，从事何种工作，取得何种成就，都是社会的分工，都不应该自傲自大，轻视别人。平等待人是做人的基本准则，也只有交往双方处于平等的地位才能赢得人心。

在与同事交往中，更应该用平等的态度对待每一位同事。在交往中应自尊而不骄傲，尊重别人而不谄媚；受惠于人不形成依赖；批评别人，以精诚相待、忠言诱导；受人批评，应虚心诚恳，即使对方的批评失之偏颇，也不要耿耿于怀，只要对方是出于真诚目的就不要斤斤计较。同事交往，只有相互平等，才会有真正的彼此尊重。

（3）拥有谦虚豁达的态度

在人际交往中，谦虚而豁达的人总能赢得更多的朋友，而那些妄自尊大的人总会引起别人的反感，在交往中也常常使自己走向孤立无援的地步。

在工作中与同事相处，懂得谦虚是职场的生存之道。千万不能为了突出自己而一再地炫耀成绩，过分表现自己，更不能为了表现自己而把长处挂在嘴边，在无形之中贬低别人抬高自己。这样不仅会让人生厌，还会被人看不起，更严重的是你可能伤害到某一个人，而周围的人也会逐渐地离开你。在无形之中，你就为自己设置了许多障碍，增加了交往办事的难度。

（4）不要太计较个人利益

一些人与同事处不好关系，是因为过于计较自己的利益，时间长了难免惹起同事们的反感，无法得到大家的尊重。事实上，太过追求个人利益未必能带给你多少好处，反而让自己身心疲惫，并失去了良好的人际关系，可谓是得不偿失。

在职场中，比如单位里分东西不够时少分些，一些荣誉称号多让给即将退休的老同事；再比如与其他人共同分享一笔奖金或是一项殊荣；等等。如果对那些细小的、不大影响自己前程的好处多一些谦让，那么这种豁达的处世态度无疑能赢得人们的好感，也会增添你的人格魅力，给你带来更多的“回报”。

（5）工作中多些乐观幽默

如果从事单调乏味或是较为艰苦的工作，千万不要让自己变得灰心丧气，更不可与其他同事在一起怨声叹气，而要保持乐观的心境，让自己变得幽默起来。如果是在条件好的工作岗位上更应该如此。因为乐观和幽默可以消除彼此之间的敌意，更能营造一种亲近的人际氛围，还有助于你自己和他人变得轻松，消除工作中的劳累。久而久之，在大家的眼里你的形象就会变得可爱，容易让人亲近。

（6）多听取同事的意见

在工作中多听取同事的意见，可以让同事感受到你的尊重。在工作中你不可能想得那么周全，多听取同事的意见可以让你的工作更加完美和充实，在提高能力和积累经验的同时，还可以获得同事的好感和信任。一举两得，何乐不为呢?

（1）太好说话易被忽略

对同事一视同仁，与同事和平相处，不代表你就要对同事低声下气。在职场中为了赢得良好的人际关系，你要对同事一视同仁，但是不能太过平易近人。太好说话或太过平易近人，没有自己的主张，这样毫无特色的表现很容易被同事所忽略。一个可有可无的职场中人很难赢得大家的欢迎和喜爱。

（2）不同的同事要不同对待

在职场你对同事要有一视同仁的态度，但不能用一成不变的原则和方式。人各有性格，每个同事的处事方式和性格特点都不相同。想要赢得同事的好感，你就要认清同事的性格，并根据不同的性格选用不同的语言和方式。如：对不善言辞的同事，可以在生活中多与他进行交流，并尽量多地发挥你的好口才；对好大喜功的同事你可以采用“猛夸猛赞”的赞美之词等。

（3）有区别地一视同仁

在日常工作中对同事采取一视同仁的态度，但是在心里你要知道：哪些同事是你可以真心对待的；有哪些同事是你要多加防范的；有哪些同事只是泛泛之交的……

你在心里对同事都要有明确的评价和了解。不一味地付出，看清对象后的付出能让你赢得更多的收获。

4　离口是心非的同事远一点

中国古语说：“路遥知马力，日久见人心。”可见人与人的交往不是一朝一夕之间的事。在社会中，人与人的交往也都是相互的，如果只想着以谋害别人获得利益，那么最终会害了自己。害人者在把别人推向危险时，自己也是很难逃脱干系的。

但是常言道："害人之心不可有，防人之心不可无。"社会上人与人的交往中，毫无防备也会让自己吃亏。人心永远是难以捉摸的，所以对人、对事都不可轻易相信，要有保护自己的意识。这样才能让自己免于伤害。

口是心非的人最善于钩心斗角。因为他每天都在考虑如何表面上应付别人，行动上又如何去算计别人。与这种人为伍是非常危险的。因此在职场中对于口是心非的同事，要做到敬而远之，保持距离。

社交陷阱

口是心非的同事往往心怀叵测，笑里藏刀。工作上没有能力，但是在挑拨是非上却很精通。他们不靠本事做好自己的本职工作，却把心思全用在暗算埋头苦干而且缺乏防范意识的同事上，总想要踩着同事的肩膀达到自己的目的。与这样的人亲近，最终受害的只能是自己。

口是心非，顾名思义就是口里说的和心里想的不一样。试想一下，这样的人是多么的虚伪。口是心非的人为了掩饰自己内心的想法，必然要用谎言去应付别人。很多时候，这样的人做事都是出于为自己的利益着想，所以他们在与人相处时，多是没有诚心的，而且善于挑拨是非，做事笑里藏刀，往往表面非常友好，但是不要被他们的表面现象所迷惑。

某公司小张与每位同事都相处得很融洽，但是同事们背后却都不怎么喜欢小张，这是什么原因呢？原来，小张这个人虽然表面对每位同事都相当友好，但是却在工作中没有什么大的成就，而且对同事的话总是当面赞赏，背地里说同事的坏话。

曾经一位姓李的同事和小张走得很近。一次小李在工作中犯了错误，在面对上司的批评和同事的嘲笑时，小李虽然表面上态度谦虚并诚恳地承认了错误，但心里却对上司和同事的行为十分不满。下班后小李和小张出去喝酒，小李在喝酒时向小张诉说了自己的苦闷，在言语上对同事和上司十分不敬。小张在听小李抱怨时表面上对小李十分同情，小李觉得找到了知己，于是语言就更加无所顾忌，抱怨过后，小李的心情也愉快了起来。

但令小李没想到的是：小张在第二天上班的时候，就把小李的抱怨讲给了同事和上司，导致同事和上司对小李的态度明显冷淡。最后小李因遭到同事的排挤和上司的刁难，不得不离开了公司。

丢掉工作的小李就是没有认清小张的真面目，所以才把小张当成了知己，倾诉自己的烦恼。最后导致自己的抱怨被小张散布到公司，自己后悔但是为时晚矣，最终丢掉了自己的饭碗。这就是口是心非的同事的可怕之处。

方法运用

与口是心非的同事走得太近，就像是在职场中给自己埋了一颗不定时的"炸弹"。为了自己的职场安全，要远离口是心非的小人，远离唾沫四溅的大嘴。所谓"说者无心，听者有意"，断章取义的人比比皆是，所以管住自己的嘴巴也是十分必要的。

虽说应该与口是心非的同事保持距离，但是作为同事，在工作中自然是不能避免要有所接触。而且"人心隔肚皮"，怎么样才能既不伤和气，又能使自己远离伤害呢?

（1）心明眼亮才能不受伤害

人们在职场中表现得口是心非可能是因为要面子或者想要掩饰自己脆弱的一面，这无可厚非。但是具有以下特点的同事就要认清并远离了。

- 善于察言观色，无中生有。
- 善于捕风捉影，煽风点火。
- 善于搬弄是非。
- 好传播"小道消息"。
- 喜欢向上司打小报告。

具有这些特点的人都是非常危险的。在职场中要及时认清并远离带有这些特征的同事，这样才能保护自己不受伤害。

（2）做事要有自己的判断

当你清楚地认识到这种人的特征后，在与之交往中就一定要提醒自己不要轻易相信他的话。做事要有自己的判断。他说的话可真可假，只有经过自己的判断才能保持理性正确的态度。当他向你透露说谁在背后说你的坏话或是谁在背后给你使坏之类的话时，不要轻易相信。正确对待他人的言论，做事有自己理性的判断，这样可以避免不必要的麻烦和误会。

（3）管好自己的嘴巴

在职场中生存就要学会保护自己。要知道“言多必失”，和口是心非的同事交往更要严守这个原则。你不说，他就没有可乘之机。所以管好自己的嘴巴也就是堵上了他的嘴巴，这样才是最安全的。

（4）远离他的利益圈

此类人的动机多是因为利益的驱使。所以远离他们的利益圈，也就是远离麻烦。如果你从他们那里得到了一点好处，那么也就意味着在不久的将来你将会失去更大的利益。因为他们在利益受损后一定会要求加倍回报。最终你就只能是因小失大。所以远离他们的利益圈，不要和他们有利益上的瓜葛，这样才能远离他们的伤害。

（1）用友善的态度与对方相处

虽然工作中与同事不可避免地要有接触，但是对此类同事，却要尽量保持距离。不过要注意，前提是一定要“敬”而远之。也就是说，千万不要得罪这样的同事。在平时的工作中与这样的同事相处时，也要保持自己的风度，要尊重对方，态度友善。即使心里不喜欢这样的同事，也不可以得罪同事。

（2）不与其他同事讨论他人是非

职场中背后说人是非很容易卷入人与人的斗争之中。你要远离是非，不仅要远离口是心非的同事，而且还要避免在背后与其他同事讨论他人是非。

世上没有不透风的墙。只要你的话说出口，它如何传播就已经不在你控制的范围之内了。如果你在背后与同事讨论他人的是非，被当事人知道的话，那在他心目中你的地位就会降低，甚至他也会用同样的方法来对付你，这样你无形中就给自己树立了一个敌人。

（3）与之相处吃些小亏也值得

如果因为一点小小的好处就与对方争执不下，那么不仅会让他怀恨在心，而且还给同事留下了斤斤计较的形象。与口是心非的同事交往时，吃点小亏也无妨。有句话叫作“破财免灾”，吃点小亏，避免灾祸，抱着这样的想法，相信对于赢得其他同事的好感也会起到推动作用。

5 不当办公室里的“软柿子”

“欺软怕硬”这种现象可谓源远流长，无论哪个年代、哪个国家都有。从适应环境的角度看，欺软怕硬是一种必要的生存策略。因为个体的生存总是伴随着与他人的竞争，而扬长避短才能避免损失从而获得最大的利益。

在现代社会中，欺软怕硬的人更是比比皆是。身处职场则更加明显，因为每个人都或多或少有那么一点强者心态，在比自己强的人面前输了会很压抑，觉得心里的那股不服心态得不到消散，所以就要在弱者面前宣泄。有句俗话叫作：“见到㞞人搂不住火儿。”说的就是这个道理。

在职场中，常常有人挑软柿子捏，那些处在劣势中的“软柿子”们一定委屈万分。所以在职场中，要树立自己在同事心中的形象，不当职场“软柿子”。

社交陷阱

刚进入职场的新人想要在职场上立足，首先就要学会承受压力和委屈。但是不能一味地任劳任怨充当别人的出气筒。给别人留下好欺负的印象后，工作中最苦、最累、没人做的工作必定是你的，而好事也必定与你绝缘。

在职场中经常有这样一种人，他们埋头苦干，不争不夺，害怕受到伤害，害怕承担责任，不敢突破常规，不敢表现情绪……做什么都瞻前顾后，畏首畏尾。在职场中只是一味地忍让、退缩，主张“和”为贵，结果往往不能守住自己的底线，不战而退。所以这样的人理所当然地成了大家眼中的受气包，也成了办公室的“软柿子”。而处在这种地位，不仅自己不会愉快，而且工作也难保。

王乐毕业之后来到一家广告公司做客户开发工作。由于为人安分守己，他从来不懂得抗争，在同事抢了自己的业务之后也只是忍气吞声，认为只要遵守职场原则就一定能得到想要的结果。时间久了，大家看到王乐对同事的抢单行为没有任何反应，就理所当然地把王乐当成了办公室中的“受气包”。平时公司里的累活都让王乐做，有好处的时候却从来想不到王乐。

王乐最开始“以和为贵”的原则就在这种同事处处占便宜中被磨没了。王乐不满的情绪不敢对同事发泄，他就把心中的怒气都发泄在客户的身上。一次王乐因为做业务时态度强硬，得罪了公司的一位大客户，使公司的利益受损，公司领导十分生气，最后王乐只能被迫辞职了。

看到王乐的经历也许很多人都会为王乐打抱不平，但正是王乐对同事行为的默许，才造成了同事之后的得寸进尺。这又能怪谁呢?

方法运用

忍受是为了更好地绽放。在职场中忍受不是目的，而是要学会在忍受中积累自己的力量。万事有度，所以在职场中不要一味地忍让，偶尔显示一下自己的实力做到不卑不亢，会让同事刮目相看。

职场如战场，在职场中你弱就可能被比你强的人欺压，所以要积攒自己的实力，即使是新人，对工作的理解和完成不是那么的得心应手，也不能在气势上主动认输。在同事面前不卑不亢，才能让人刮目相看。

在职场中，“软柿子”大多工作窝囊、不开心并且没有好的前途。要如何做才能不当办公室里的“软柿子”呢？不妨试试下面的一些方法。

（1）唯唯诺诺是根源

唯唯诺诺是一种没有勇气的表现。在面对同事的无理要求时只是一味地退缩、软弱、不敢反抗。这样很容易被同事当作办公室中的“出气筒”，最终成了办公室中的“软柿子”。人在潜意识中或多或少都有一些“欺软怕硬”的情节，所以走出自己设置的陷阱，敢于面对工作中的不顺，敢于反抗同事的无理要求，才能走出任人摆布的职场命运。

（2）要敢于说“不”

面对强者，不要一味忍让，否则只能使对方得寸进尺。也许在业绩和工作上你做得不是很出色，但在面对同事的无理要求时，也要懂得反抗，学会有技巧地拒绝别人，不卑不亢，有理有据，在既不伤人又不伤己的情况下处理好双方关系，这样才能让同事刮目相看。

比如在同事交给你一项额外的工作时，可以说：“你的经验比我丰富，我能力跟你差那么远，我哪里做得好呀！这样，我给你打下手，怎么样？”这样先用赞美讨好同事，再有技巧地推脱任务，相信同事也不会过于强求的。

（3）尊重自己才能得到别人的尊重

想要赢得同事的尊重，首先要自己尊重自己。自尊自重的人才能让别人尊重。面对强者首先不要自卑，要树立自己的自信心。在办公室内，举止大方得体，语言谨慎幽默，在同事需要帮助时伸出援助之手，在同事提出无理要求时，知道反驳抵抗。这样在办公室内做到收放有度，自然大方，自尊自重，自然能赢得同事的喜爱和好感。试问一句，这样的人又怎么可能成为办公室中的“软柿子”呢？

（4）做事有主见

一个做事有主见的人，一定是有思想的人，这样的人不随声附和，做事不随大流，工作中能够提出自己独到的见解，在别人提出要求时，能够分清是非。不轻易相信别人的话，也不随便传播别人的话，有自己的原则并在职场坚持自己的原则，这样你所表现出来的态度也会让同事折服。

贴心忠告

（1）积极竞争才能赢

在职场生存想要获得成绩，就一定要敢于竞争。要知道谁也不是天生的强者，任何人的竞争意识都不是与生俱来的，而是在后天的奋斗中逐渐形成的。在职场中不断地学习经验，积累知识，在不断的竞争中激发自己的潜力，这样才能提高能力，在职场中拥有自己的一番天地。

（2）培养自己的气质

气质是一种自内而外自然流露出来的一种个人特点和风格。在职场中培养自己独特的气质，可以给同事一种亲切自然的感觉；拥有自己的个性和气质，能够让你在职场中快速脱颖而出。培养气质可以运用以下技巧：

- 沉稳，不要随便显露你的情绪。
- 细心，做什么事情都要养成有条不紊和井然有序的习惯。
- 胆识，不要常用缺乏自信的词句。

◆ 大度，对别人的小过失、小错误不要斤斤计较。

◆ 诚信，做不到的事情不要说，说了就努力做到。

◆ 担当，检讨任何过失的时候，先从自身或自己人开始反省。

（3）树立自己的形象

形象就是你职场中的一张名片。树立良好形象有助于你工作的顺利进行。不要在办公室中成为一个可有可无的人，要适时展现出自己的能力和作用，提高自己在同事心中的形象。

（4）避免过于强硬

不当办公室的“软柿子”但你也不能态度过于强硬，否则就走入了另一个极端。办公室里有大学问，平时你在与同事相处更是需要把握好其中的度。性格软弱就很容易被其他同事“欺负”，但如果你态度强硬，就难免引起其他同事的不满。态度强硬地与其他同事相处，就像浑身带刺的“刺猬”一样，这不仅不能受到同事的欢迎，也让同事都更加远离你。

6 警惕办公室里的小帮派

人的气质和做事风格都是不同的，有合得来的，就有合不来的，合得来可以多交往，而合不来的则是不愿意交往的，这样就形成了很多个小帮派。

在一个组织中，只要有利益纷争就会出现竞争，随之而来就会出现利益帮派。在面对这些因为利益而组成的小帮派时，加入他们，有好处自然能分得一杯羹，但是一旦领头人倒台，你也就不可避免地要被连累。所以这成为许多职场中人最头疼的一件事。

社交陷阱

面对小帮派的“邀请”，选择加入，就会被其他人排挤，一旦帮派倒台肯定会殃及你这个“池鱼”。拒绝就代表被孤立，这样工作得不到同事的支持也就寸步难行。在办公室面对“小帮派”时，处理不好不仅工作受阻，更会影响前途。

办公室“小帮派”现象在职场中屡见不鲜。但是有许多人在面对“办公室小帮派”时，不知如何处理，下面的萧何就有这样的苦恼。

萧何大学毕业以后找到了一份广告公司文案的工作。来到公司还没到半年，萧何就被办公室中的波涛暗涌弄得疲惫不堪。原来办公室内因为利益纷争出现了好几个小帮派。萧何因为看不惯他们的作风，对于他们的邀请都义正辞严地拒绝了，最后萧何就成了孤家寡人。因为没有加入帮派，所以工作上也没有了帮手，大家都抱着看笑话的态度来看待萧何，这让萧何十分疲惫最后不得不离开了公司。

之后萧何又找到了一份工作，因为有着之前的经验，萧何面对“人事”和“销售”两个派别的邀请时，选择加入了“人事派”。之后萧何也确实尝到了甜头。因为能力强，而且又有团队帮忙，他很快就做到了科级的职位上。岂料好景不长，人事经理受到排挤，倒了台，而萧何也因此而受到牵连。在经理走后不久，他也受不了同事的排挤，被迫离开了公司。现在的萧何十分苦恼：“办公室帮派”不加入也不是，加入还不是，我到底该怎么做呢？

相信很多人都有着和萧何一样的困扰。在面对“办公室小帮派”时找不到自己的位置，没有处理好与他们之间的关系，最后为自己的工作增加了阻碍，带来了不必要的麻烦。

方法运用

首先要正确认识并接受这一现象，并不需要把小帮派当成洪水猛兽，一味排斥。只要你能正确处理好个人与小帮派的关系，远离“恶性小帮派”，善于利用小帮派有积极性的一面，取长补短，这会对你的事业发展起到促进作用。

企业的组成是以人为单位的，凡是有人的地方，就有不同的思想，这就必然产生人以群分的现象，在职场中的体现就是出现“办公室小帮派”。有许多人在面对这种现象时经常十分困扰，不知如何处理，下面的一些方法会对你有所帮助。

（1）努力储蓄人脉存折

团队工作是需要大家通力合作的，想要飞黄腾达没有班底的帮助很难成事。要认清团队的成功，就是个人的成功，个人对团队的贡献度愈高，在团队里的分量也愈重。另外要弄清楚公司里的帮派情况，要跟每个同事都保持良好关系，尽量不要被贴上帮派的标签。在职场中，储蓄自己的人脉存折，尊重并友好对待每一位同事会让你受益无穷。

（2）夹缝之中求生存

如果不准备加入小帮派，那么就要学会在夹缝之中求生存。这时候最需要注意的就是要仔细观察你所处的职场环境，看清大形势，对周围的小团体情况和权力分配结构做到了然于胸。身处“帮派”之外一定不要锋芒太露，因为如果你的周围存在小帮派，相对于他们你就是弱势。平时要注意搞好人际关系，保持一种和谐的气氛。

（3）与人为善多交际

如果已经成为小团体的一员，那么也要注意不要让团体之外的人为难，结下太多矛盾，更不要因为自己的利益去伤害他人。在职场中，不要总是几个固定的人长期在一起就餐，而是应该多和大家聚在一起，尽可能地接触不同的同事。午餐是增进感情的方式，要尽量扩大范围，多了解同事们的爱好和工作以外的事情，这样和谐相处可以提高工作效率，增进同事间的感情。

（4）解决矛盾有方法

如果你不慎与某个小团体产生了矛盾，这时应该做的是尽量弥补。如果能靠自己的力量来取得谅解当然是最好；如果不能自己解决，可以考虑加入其他的小团体来寻求保护。

但切记一点：不要直接向领导投诉，可能这一次你捍卫了权利，但是日后就会完全陷入人际关系的泥沼。

贴心忠告

（1）职场要高表现，低姿态

树大招风，企图心强烈是好事，野心可以有但不可露，事事强出头、求表现，反而会招致异样眼光。人人都有野心，但是升职的事一向是僧多粥少。最好的方式就是做好自己分内之事，保持卓越的表现，但尽量维持低姿态，不要给别人威胁感，“能人”能在做大事上，而不在大话上。

（2）独善其身不可取

很多人抱着“清者自清，浊者自浊”的心态看待办公室小帮派，以为只要能独善其身就可以远离是非。但事实上办公室里没有人可以真正做到明哲保身。身在职场，融入职场，才能在危机到来时拥有支持力量，从而避免陷入尴尬境地。

（3）多一友不如少一敌

器量狭小、排挤同事的人，一定也会遭到其他人的排挤。把同事当作阻挡前途的障碍，一定难以在办公室里立足。对于在办公室里跟自己有竞争关系的人，不妨试着去赞美他，或请他帮一个小忙，往往可以神奇地化解彼此之间的敌意。在职场上，减少一个敌人的价值远胜过增加一个朋友。

7　给有困难的同事搭把手

人都会经历一些挫折和困难。职场中虽然处处充满着竞争，但是竞争和利益并不是你在职场中的唯一追求。同事之间的关系和工作的环境都是你工作的重要组成部分。

在职场中想要成长不能只靠自己，同事的扶持和帮助能让我们获得更显著的成就。任何人的成长都需要与他人彼此合作，取长补短。在同事遇到困难时伸出援手帮助一下，会让同事在困境中对你感激万分。但是一些人出于保护自己的利益，或是为了避免自己卷入是非，所以对处于困境中的同事冷眼旁观。这不但不是明智之举，还可能降低自己在同事心中的地位，甚至为以后的合作带来影响。

社交陷阱

人人都有遇到困难的时候，所谓：“患难见真情。”如果对于处在困境中的同事你态度冷漠，那么在你遇到困难时他也可能用同样的态度回报你。你之前的冷漠只是搬起石头砸自己的脚。

职场中因为有竞争的存在，所以有些人觉得只要做好自己的工作就可以了，而别人的事和自己又没有关系，在面对有困难的同事时也多是冷眼旁观。这样的行为往往不能使自己获得更多，反而会有损自己在同事心中的地位和形象，为以后的合作带来不必要的麻烦。

小张是个比较自私的人，他自恃工作能力强，所以在工作中从不主动帮助别人，在同事遇到困难时也从没想过搭把手，帮帮别人。久而久之，大家也就只与他维持着表面的友好。当公司里好不容易出现一个升职的机会时，小张因业绩突出很有把握得到这次机会，但是没能及时准备升职申请让他顿时手忙脚乱，在关键时刻居然没有一位同事愿意帮助小张。最后小张竟与这次升职机会失之交臂了。这时小张才意识到自己平时的行为是多么的愚蠢，但是为时已晚。小张即使悔断肝肠也无济于事。

方法运用

搬开别人脚下的绊脚石，有时恰恰是为自己铺路。帮助同事在某种意义上讲就是帮助自己。在帮助别人时，任何一种努力都不会白费。在同事遇到困难时，伸出援助之手更是可以感动同事，这也是为自己以后的工作铺平道路。

在帮助别人时，任何一种努力都不会白费。在企业的发展中不能缺少这种舍己为人、帮助同事的员工，没有哪个上司或同事不喜欢这样的员工。

有这样一个小故事：在一场激烈的战斗中，上尉忽然发现一架敌机向阵地俯冲下来。按照常理，发现敌机俯冲时要毫不犹豫地卧倒。可上尉并没有立刻卧倒，他发现离他四五米远处有一个小战士还站在那儿。他顾不上多想，一个鱼跃飞身将小战士紧紧地压在了身下。此时一声巨响，飞溅的泥土纷纷落在他们身上。

上尉拍拍身上的泥土，回头一看，顿时惊呆了：刚才自己所在的那个位置被炸成了一个大坑。

故事中的小战士是幸运的，但更加幸运的是故事中的上尉，因为他在帮助别人的同时也帮助了自己。如果上尉看到站立的小战士无动于衷，只顾自己卧倒保护自己的安全，那么后果将不堪设想。

贴心忠告

（1）帮助也要考虑别人的感受

同事遇到困难你自然是要伸手相助的。但是帮助同事一定要把握适当的“度”。要在别人自身能力的基础上给予恰当的帮助，而不是让别人越来越依赖你的帮助。在帮助他人时要顾及别人的感受，不要认为自己的帮助就是好的。有时别人想要展示自己的能力而你却不分时机地随意插手，这势必让别人反感。

（2）帮助别人不要带有很强的利益性

在帮助同事时，切忌带着交换利益的念头，不要抱有我帮你一寸，你得谢我一尺，否则就是破坏了“规矩”这样的想法。这样一旦对方没有自己期望的那种回应，你不仅失望，还觉得对方忘恩负义，自己的心态就会失衡。

（3）帮助别人要真诚

真诚帮助他人可以使你从中感受到快乐。而你所帮助的人也会更为感动。用真心换真意，相信你的付出同事会看在眼里，记在心中。也许下次在你遇到困难时，帮助你的就是你之前帮助过的同事。

（4）帮助同事点到为止

帮助同事虽然是好事，但是也要点到为止，尤其不要越俎代庖。这样的帮助可能可以缓解同事的一时之忧，但是如果你超过了界限，那么就会引起同事的不满，甚至引起上司的戒心。这就得不偿失了。

（5）学会拒绝

面对寻求帮助的同事时，如果有必要可以伸出援手帮助一下，但是如果同事经常向你提出请求或要求过分时，也要学会拒绝。

私下为同事帮忙，只能偶尔为之，而且要让对方清楚你是卖他一个人情，不能养大他的胃口，该拒绝时要明白地说“不”，当对方知道你帮忙的分寸和底线后，自然不会再三试探，这样也可以维护自己的利益。

8　不在失意的同事面前谈论你的得意之事

人生得意须尽欢。每个职场中人都有得意的时候，或工作顺利完成得到上司的赏识，或业绩突出赢得了额外的报酬，这都会让你产生抑制不住的喜悦，甚至向同事炫耀自己的得意之事。在面对得意之人的侃侃而谈时，大多数人都抱有羡慕、愉悦的心态，这也就让得意之人的虚荣心得到了极大的满足。

然而有得意之人，就有失意之人。职场失意的人往往是正处于职场的低谷或刚刚在职场上受挫，这时的他们是脆弱、敏感的，身边的一点风吹草动就能让他们心存疑虑，更不要说听到得意的同事在他们面前大肆吹嘘了。

一般来说，职场失意的人很少具有攻击性，郁郁寡欢是最普遍的心态，但别以为他们只是如此。当春风得意的同事在他们的面前大谈特谈自己的得意之事时，在失意之人看来就会是一种讽刺。而这种讽刺会让他们牢记在心，并产生一种普遍的情绪，那就是怀恨在心。

社交陷阱

当你的高谈阔论引起失意者的怀恨在心时，失意者对你的怀恨不会立即显现出来，但他会通过各种方式来泄恨，例如在其他同事面前说你坏话、工作上扯你后腿、故意与你为敌，这就在无形之中在职场上多了一个敌人。

谈论得意之事时要看场合和对象。可以在朋友面前谈，让朋友分享你的喜悦；也可以在亲人面前谈，让亲人为你欣慰。但是决不能在失意的同事面前谈，因为失意的人是最脆弱，也最多心的，你的谈论在他听来都充满了嘲讽的味道，让失意人感受到你“看不起”他，对大部分失意的同事是一种伤害，而这种伤害也会让他们对你产生不满，甚至是怨恨。

小马和小冯同在一个部门工作。最近小马风头正盛，因为工作做得好屡屡得到上司的夸赞，最近更是因为获得了一笔大订单而得到了额外的奖励。但是小冯却因为最近家中事情较多，影响了工作情绪导致工作上总是出错，经常被上司在同事面前点名批评，情绪一直十分低落。这天小马在又一次赢得上司的夸赞后，心情十分愉悦，晚上请客想与同事们聚一聚，小冯自然也在其中。在饭桌上小马毫无顾忌，对自己最近在职场中的得意之事大加谈论，其他同事自然是逢迎小马，而小冯在桌上就显得有些不自然。小马的每句话在小冯听来都很讽刺，句句扎进了他的心窝。这让小冯十分气恼，最后找个理由提前离开了饭局。

之后小冯对小马就怀恨在心，在工作中常常给小马下绊子，小马对此丝毫不知。虽然对自己屡屡出错的现象也感到疑惑，但是也没往心里去。最后小马因为一次错误而导致公司失去了一个大订单，但是仍然不知道这正是小冯背地里搞的鬼，最后小马不但莫名其妙地丢了奖金还影响了自己的工作情绪，之后的很长一段时间里，由得意之人也变成了失意之人。

方法运用

人生得意须尽欢，但是得意切不可忘形。不要在失意的同事面前谈论自己的得意之事，并且在得意之时要保持一份谨慎，做到慎言，慎行，这样才能在得意中更加如意。做到这点不仅可以避免在失意时遭到别人的报复，还能增加在同事心中的好感，为以后工作中的相处铺平道路。

得意之人必有得意之事，但是树大招风，你得意必然有人失意，所以得意之时保持一份谨慎，放低姿态，才能避免成为同事眼中的众矢之的。低调行事不但保护自己也能让你的得意持续下去，这才是明智之举。

王风是一个工作能力很强的人，在刚进入公司后就为公司争取到一个大订单，这让同事都极其羡慕。但是王风一向为人低调，从来没有拿自己优秀的工作业绩对同事炫耀过。而且在工作中也经常征询其他同事的意见，所以同事心中不但没有对王风产生反感，反而都与王风走得十分亲近。一次王风因为工作不慎而出现了错误，正当他处在困境不知所措时，因为平时为人低调且与同事相处较好，所以同事们都积极想办法帮助王风，最后他不但渡过了难关还顺利地完成了工作任务。事后王风对同事们表示感谢时，一位同事说出来真心话：“如果你因为平时业务做得好而趾高气扬，我才不会帮你呢。”

那位同事的话看似是无心之语，但却一语中的：平时工作中放低姿态，和同事处好关系，在困难时刻才有人愿意帮你。

贴心忠告

（1）得意之时淡然，失意之时坦然

职场之路不可能一帆风顺，有得意的时候，也一定有失意的时候。当

你工作获得成绩或赢得上司夸赞时，心情一定大好，正所谓“人逢喜事精神爽”。但是，职场之路往往跌宕起伏，工作中也不可能都是顺水顺风，也会有电闪雷鸣，风雨交加的时候。不管在工作中遇见怎样的挫折，一定要学会坦然面对，也要学会淡然接受。得意之时淡然，失意之时坦然。拥有这样的态度才能在职场中走得长远。

（2）嫉妒之心不可小视

在平时的工作中锋芒毕露会引起同事的戒心，而得意之时更是处在大家的眼光之中，如果此时大肆宣扬，那么必定引起同事的嫉妒。嫉妒心万不可小视，一旦引起同事嫉妒，那么你轻则遭遇横眉冷对，重则被人穿小鞋。所以在得意之时态度要更加谦卑，这样既能保护自己，也能增加同事的好感。

（3）得意之中找不足

在工作中做出成绩得到上司夸赞，必然会心生喜悦。但是在得意之时，不要忽略工作中曾出现的错误和问题。这样在完成工作后不论成功与否，随时找出自己的不足，提高自己的能力，完善自己的工作，才能在以后的工作中不断进步，从而更好地完成工作，做出成绩。

9 越俎代庖，同事会提防你

在公司中，每个员工都有自己的工作职责和工作范围，工作任务也不尽相同。有些人工作能力很强，对自己的工作内容能很快适应并出色地完成，而他们的能力也往往得到同事和上司的认可。这些人在完成自己的工作任务后，在面对其他同事的工作时，也常常愿意发表一些自己的看法。适当地向同事提出建议，改进同事的做事方法，能够提高工作效率。这样的做法往往也能赢得同事的好感。

但是有些人超过了自己的工作职责，插手并干预其他同事的工作，就引来了同事的不满和反感。想要通过干预同事的工作来表现自己的能力，这在职场上并不是明智之举。

社交陷阱

在工作中，越组代庖是对同事的一种不尊敬。在工作中有明确的分工，每个人都不喜欢别人干涉自己。当你超过自己的职责范围去干涉别人的工作时，往往会让同事产生反感。如果你的能力很强，那么还会引起同事的防范和嫉恨。这样的结果只能是费力不讨好。

在工作中积极表现可以给同事留下积极向上的印象，而主动帮助同事也可以让同事感觉到你的热情和友善。但是越俎代庖地干预同事的工作，并不能让你的能力得到更好的发挥，反而会引来同事的嫉恨和提防。

在工作中越权插手不在自己职责范围之内的工作，就意味着对在该职位上同事的不尊重、不信任，而且破坏公司规章制度，甚至破坏工作的正常秩序。

王维是某公司的总经理助理，因为工作能力强，颇得上司的赏识。总经理看重王维的工作能力，除了让他担当自己的助手，另外又把技术部门的工作也交给了王维。但是王维并不满足。因为之前王维在另一个公司负责的工作较多，对其他的工作也有一定的见解，所以在做好自己技术方面的工作后，他总是插手其他同事的工作。这样的行为在公司内引起了其他同事的不满，于是大家多次向总经理反映这个情况。总经理舍不得王维的工作能力，认为王维是个人才，所以迟迟没有采取行动。王维认为这就是总经理默认了自己的行为，所以更加肆无忌惮。同事们的不满也随之愈演愈烈。之后王维在自己签署了一份本不该他处理的合同后，总经理也忍无可忍，最后只能忍痛辞退了王维。

王维丢掉饭碗不是因为他的能力不够，而是因为他越俎代庖的工作方式。即使工作能力再强，搞不好与同事的关系也很难在职场走得顺利。

方法运用

工作有不同分工。做好自己的本职工作，在自己的工作岗位上做出亮点，这才是展现自己工作能力的明智之举。在自己的工作职责外，可以向同事适当地提些建议，但是一定要有度。要记住：没人喜欢别人干预、插手自己的事。

都知道工作中越组代庖的行为不能受到同事们的欢迎，那么应如何避免越组代庖的行为出现呢？下面的一些做法相信可以对你有所帮助。

（1）找准自己在职场中的位置

在职场中，每个人都有自己的位置，要找准自己在职场中的位置并明白自己什么该说，什么不该说。找准自己的位置，不要以为这很容易。现在的位置不代表正确的位置，“认识你自己”从来都是难的。只有坚持认清自己，找到一个最适合自己发展的位置，才能清楚地明白自己该做什么不该做什么，这样在正确的位置上才能做出更好的成绩。

（2）清楚自己在职场中的工作职责

在公司中，每个人的工作内容不同，职责也不同。认清自己的工作职责，坚守自己的工作岗位，不越权，不过界。在想要插手别人的工作时，先想一想：自己的工作职责是什么？这是不是自己该负责的工作？这样保持一个清醒的头脑，也可以避免此类事情的发生。

（3）工作中要谨守本分

在工作中，要牢记自己的权利和责任。在自己的工作岗位上要踏实肯干，做好自己的本职工作。要记住：在自己的工作中做出亮点才是对自己工作能力的最好展现。

（4）定期自我检查

在工作中，要定期地做自我检查。定期自我检查可以使自己清楚地认识到前一段时间内工作中出现的不足，这样才能不断地提高。当意识到自己有越组代庖之嫌的时候，就要及时调整自己的做法。工作要细心，有时自己强调了很多遍但最后还是疏忽，这就是惰性在作怪。定期地自我检查就可以很好地避免这些问题的发生，让你的工作变得更加顺畅。

贴心忠告

（1）尊重同事感受

在职场中，尊重同事才能赢得同事的尊重。平时养成尊重同事的习惯，那么在想要插手干预同事工作的时候就会顾及同事的感受。这样才能把握好帮助同事的“度”，在既不伤害同事面子的同时，也能为同事排忧解难，这样不仅能赢得同事的好感，更能赢得同事的尊重。

（2）熟悉并了解工作环境

身在职场要想站稳脚跟，就必须要了解职场的工作环境和同事的性格特点。这样才可以清楚地知道什么时候该说什么样的话。环境对人起着相当重要的作用，了解环境，做到心中有数，不仅有利于自己的言行，更可以帮助你在职场中更好地展现自己的能力。

（3）多与同事进行沟通交流

平时的工作中要多与同事进行交流。多了解同事的想法，在同事的口中了解到自己的不足和同事对自己的看法，这有助于提高自己的工作能力，而且在交谈中也可以拉近与同事的距离。与同事相处融洽，营造一个良好的工作环境，相信你会从中获得动力，更好地完成工作。

（4）“只扫自家门前雪”不可取

仅仅做好自己分内的事，对需要帮助的同事视而不见，这样的做法也是不可取的。职场中“事不关己高高挂起”的工作态度，也不利于你与同事的和谐相处。在同事需要帮助时伸出援手，适当地给同事帮些小忙，这能给你带来更好的人际关系，而自私自利地只想到自己，不仅不利于赢得同事好感，也会阻碍你以后工作的开展。

（5）别让同事做你的主

在你注意自己言行的时候，也要同时防止让同事做你的主。日常工作中你不仅要做好自己的本职工作，更要守住自己的岗位。如果让同事事事为你做主，那你就会失去工作的自主权，没有作用的员工，不仅不能赢得晋升或是升职，甚至连饭碗也难保。

第七章

要“专权”也要“放权”

——激励下属的心理学原则

1 领导者的威信不能丢

在职场中由于人的能力的不同，所以有上下级之分。作为上司，在公司中的职责就是负责下属的一些工作安排和制定执行决策。一个团队的执行力如何，业绩如何，在很大程度上取决于上司的决策。一个好的上司不仅要有出色的个人能力和战略眼光，而且还要有很好的领导力。

上司所要领导的自然是他的下属，上司想要管理下属，不是只靠平时的良好关系就能做到的，而是要在下属面前树立自己的威信。

所谓“杀鸡儆猴”，也是一种驭众手段。当在工作中出现意见不统一，工作受到阻挠的时候，为使步调一致，下达的任务贯彻执行，上司就必须采取严厉手段，如果此时仍犹豫不决，迟迟不能做出决定，那么除了影响领导的威信不说，还延误工作进度，后果严重。

社交陷阱

作为上司，与下属关系融洽有助于提高下属的工作热情，但是如果走得太近，让下属忽略了你上司的身份和权威，那么下属在执行你的命令时就可能出现懈怠，这就直接影响了工作。当你在下属面前失去威信时，团队没有了工作业绩，你的位置也岌岌可危了。

距离是有形的，也是无形的。在职场中与下属保持距离，常常被上司作为一种管理下属的手段。与下属关系过密，上司往往很难采取公事公办的态度，而下属也会依仗上司的包容而对工作产生懈怠。如此，工作上就很难做出业绩。

张宏是一个工作能力很强的职业经理人，公司因为看中张宏的能力将他升职为销售部经理。刚一到职，张宏便与下属交流思想。从下属那里他了解到：他的前任因为过于专制，导致下属的工作积极性都不高，所以总是很难完成销售量。在了解这一情况后张宏告诫自己：不要有架子，要与下属拉近距离。

果然没多久，张宏就与下属打成了一片，而工作业绩也确实出现了好转。张宏对这种现象很满足。但是随着时间的推移，问题也显现出来了。

可能下属觉得张宏好说话，对下属的错误也很宽容，慢慢地有些下属开始在工作上出现懈怠。在季度考核中张宏所领导的销售部业绩不但没有提高，支出反而比之前有所增加。最后张宏被总经理明升暗降地调离了销售经理的职位。

业绩不升反降，错就在于张宏和下属走得太近，让下属对张宏没了敬畏之心，所以工作中才敢出现懈怠最终导致业绩下滑，支出增加，而张宏也因此而受到了牵连。

方法运用

作为上司，如果想让下属按照自己的指令工作，就要在下属面前树立威信，要让下属强烈地感受到你的存在和重要。这样当你发出一道指令时，下属才能不打折扣地彻底执行。工作业绩得到了保障，你的饭碗自然也就会更加稳固。

通常，上司的威信越强，下属的执行力也越强。在下属面前树立威信是上司在职场中站稳脚跟的根本。如果丧失权威，导致下属忽视你的命令，那工作也将难以推进。

上司都知道树立威信的重要性，但是如何才能在下属面前树立自己的威信却成为许多上司头疼的一件事。下面的一些方法，相信会对你有所帮助。

（1）熟悉精通自己所负责的业务

想要树立威信，你必须熟悉并精通自己所负责的业务。你和下属都有着共同的目的，那就是做好工作，做出成绩。在工作中，如果你能很熟练地指导并帮助下属把工作完成得又快又好，在做出成绩赢得表扬时，下属对你的帮助自然记在心里。

在下属看来，作为上司就必然要有高人一等的优点或能力上的优势，才能让自己心甘情愿地服从领导。所以你不仅要熟悉自己的工作，而且适当地表现出你的工作能力，这样才能让下属信服你。

（2）言出必行

言出必行是一种领袖气质，而作为上司要说到做到。说到做到，代表的是一种权威，如果你无法兑现自己的承诺，那就会让这种权威大打折扣。

下属对上司往往心存敬畏，而这种又敬又怕的情感能让下属对上司言听计从。说出的话就一定要做到，没有把握的事就不要说，这也体现一个上司的能力和处事方法。说出的话如果无法做到，那就会影响你在下属面前的形象，一旦形象倒塌，让下属失去那种对你敬畏的感觉，没有了信任，那你的威信也无从谈起。

（3）以身作则

科学家研究表明，人都有模仿别人行为、跟随别人行动的意识。上司就更要以身作则，做出表率，绝对服从你的上司并严格遵守公司的规章制度，以身作则的影响力往往比单纯的教导更有效果。

一个能以身作则的上司都说一不二，诚实守信、恪尽职守，在公司中他们说话颇有分量，为下属做了最好的表率，通过“言传身教”，用实际行动来影响并征服你的下属，也是树立威信的一个好方法。

贴心忠告

（1）不宜给下属留下过于严厉的印象

上司在下属面前树立威信的目的是为了更好地管理下属，以便在安排工作时能够更有效地指导下属完成工作。但是树立威信时上司要注意：不要给下属留下过于严厉的印象。如果让下属感觉到上司很专制，做事不讲一点情面，会打击大家的工作积极性，最终不能完成规定的工作和业绩。

上司在树立威信时要松弛有度，既要让下属强烈感受到你的存在，也要让下属感觉到你的和蔼可亲。只有这样才能在保证工作正常进行的情况下提高工作效率，做出更好的业绩。

（2）树立威信不等于摆架子

上司的威信是在日常工作中逐渐体现出来的，想要树立威信要靠自己的实际能力和工作成绩来展现，而不是一味地摆出一副傲气十足的样子，为显示自己上司的身份而装腔作势。你用行动来证明自己的能力和价值比一味地摆架子更能体现威信。

上司在面对自己的错误时要敢于剖析和反省自己，这样做不仅不会损害威望，反而会使下属感到亲近和信任。在与上司相处时，下属一般会感到紧张、拘谨，作为上司应善解人意，以平等的姿态，真诚的态度，风趣的言谈，主动创造和谐轻松的气氛，消除下属的紧张心理，缩短彼此的心理距离。这样既建立起管理者平易近人的形象，又能使下属受到鼓舞，如此恩威并重才能取得更好的效果。

（3）关心下属拉近距离

关心下属，拉近与下属之间的距离并不是要你与下属天天在一起打牌、吃喝，而是当下属发生困难时，你要适时、主动地伸出援助之手，切实帮助他们解决困难。哪怕只是一点点的慰问，一句微不足道的问候，他们回报你的将是加倍努力的工作。

关心下属还体现在平时多与下属进行沟通，主动了解下属的想法，认真倾听并适当采用下属的意见。让下属感觉到你对他的尊重和器重，自然工作也更有动力。

2　莫争功，不避责

上司工作能力的强弱和领导能力的好坏，在下属心中都有一定的考评。在职场中下属虽然没有决定上司去留的权力，但是他们却有选择服从或阳奉阴违的权力。在工作中，员工不同的态度必然导致工作结果的不同。一个合格的、让人信服的上司必定能把下属管理得服服帖帖，使自己的命令得以执行。

在职场中功过是非是最难分辨的。功劳属于谁，错误由谁担？这成为职场中最令人头疼的事情。聪明的上司就要做到不伤下属的心，尊重并肯定下属的业绩。而在职场中与下属争功，逃避责任，这显然不是一个上司应该做的事。记住：上司要有上司的担当和谦虚，这样才能赢得下属的心。

社交陷阱

作为上司，有了成绩就和下属争功，出现错误就远远躲开，这样的行为是心胸狭小、没有担当的表现。这些工作中的细节看似是小事，却会带来严重的后果——严重打击下属的工作积极性。下属工作没了动力，工作自然很难做出业绩。

在职场中，很多上司都理直气壮地把下属的成果归结为自己的功劳。可是一旦出现差错，他们又死活不肯承担责任，反而冲着下属大叫大嚷、厉声斥责。即使错误是由于自己的指挥失当造成，他们也狡辩说：“我什么时候让你那么做了？”从而将责任推得一干二净，或者转嫁责任，强调自己的指挥本来是正确的，只是下属理解错了。

企业之间的竞争常被比喻为战争，而企业的领导者则相当于军队的首领。一个在工作中只想着争功却不愿承担责任的上司，就如同在战场上边喊着“前进，冲锋！”边向后退缩的将领一般。试问：一个如此怯懦且不负责任的上司手下又怎能有敢于冲锋、工作努力的员工呢?

这种工作中的错误多出于上司的不公正或者昏庸。但上司的不公正或者昏庸并不代表其他人的愚蠢。在工作中诿过于人决不能显示自己的英明，相反还会让自己在下属心中的形象变得矮小。如果长此以往，在下属面前没有了权威，工作也就很难正常进行，你的地位也将岌岌可危。

方法运用

在人们眼里，“部门业绩好”是与“部门的领导能干”画等号的。作为上司，无须自我表功，上司和下属心中自然有评价。而工作出现错误，上司主动替下属担责，这样树立威信才能服众。身为上司在工作中不争功，不避责，有担当懂进退才是明智之举。

职场是一个团体，获得成绩或出现错误时，不仅仅是个人的功劳或错误。一个聪明的上司懂得把握各种机会赢得下属的心。功劳是集体的，错误是自己的，这样的上司才是真正聪明的领导者。

张洋是一家广告公司的业务主管，主要负责公司市场方面的拓展和开发工作。因为年龄相对较小，下属对他的命令和策略总是抱着怀疑的态度，缺少了下属的信任和支持，张洋的工作很难展开。张洋对此深感头痛。

一次，由于下属没有及时执行张洋所下达的命令，导致了张洋与客户的谈判泡汤，结果公司遭受重大损失。回公司后，犯错的下属心里忐忑不安，跟着张洋来到总经理的办公室汇报工作。但是令下属万万没有想到的是，张洋一人承担了责任，对总经理做了深刻的自我检讨。这让犯错的下属既惊讶又感动。最后因为张洋的再三保证，经理给了他们最后一次机会。

回到自己的部门后，张洋认真地分析了错误的原因和当时的情况，对犯错的下属却只字未提。之后张洋和下属们加班加点，努力弥补了之前的疏忽，不但打了一个漂亮的翻身仗，而且还做出了新的成绩。在面对领导的夸赞时，张扬没有居功自傲，而是很谦逊地把功劳归结到大家身上。经过这次的事情，张洋在下属面前树立了威信并赢得了大家的尊敬和信任。此后张洋的业绩节节高升，不久后就被升职做了经理。

因为年轻，开始的时候张洋并没有赢得下属的尊敬和信任。但在下属的怀疑中，张洋并没有气馁，而是用自己的行动树立了在下属心中的形象。在错误面前勇于承担，在功劳面前懂得谦让，这样他原本一般的形象顿时高大起来。最终他用态度和行动赢得了下属的尊敬，树立了自己的形象并得到了回报。

贴心忠告

（1）不要纵容下属的错误

上司要包容下属的错误，但是不能纵容下属的错误。这似乎听起来很矛盾，但是分析起来却一点也不矛盾。

具体而言，错误可以分为两种：第一种是主观性错误，就是知错犯错；第二种是客观性错误，就是在实际工作中，因为能力、知识、见解的不足，不可避免地产生的错误。对待前者，管理者应当以公正、严厉的态度，毫不留情地给予惩罚；对于后者，则应当谅解和包容。坚持原则，坚决不为坏事开先河，不要存有侥幸心理，认为一两次小错不会带来恶劣的影响。一旦有了先例，就很可能造成争相效仿、难以遏止的情况。

在下属犯了错误后，上司应当仔细分析下属的错误性质，有区别地加以对待。惩罚明知故犯，包容无心之过，这样的形象会让下属对你又敬又怕，从而对你言听计从。

（2）肯定并尊重下属的成绩

下属对于上司多是心存敬畏的。上司的一句批评可能就能让下属心情低落很久，相反，上司的一句夸赞也能让下属兴奋很久。聪明的上司懂得用肯定下属成绩的做法来鼓励下属。肯定下属的成绩，尊重下属的付出，会让下属心生感激，而这种感激也将化作工作的动力，回报你的是更多的成绩。

(3)赏罚分明

作为上司要赏罚分明，要有较合理的激励机制来调动下属的积极性。奖励除了物质上的，也要有精神上的。奖励是为了扬长，惩罚则是为了避短，只有将两者结合起来，才能做到长处更长，短处更短。奖罚分明，恩威并重，从而管理好下属，做出成绩。

3 给下属也戴一顶“高帽子”

“十句好话能成事，一句坏话事不成”，高帽子人们都喜欢戴，恭维话人人都爱听。恰如其分地适当恭维能让别人精神愉悦，赢得他们的信任和好感。

身为上司，如果能恰到好处地给下属戴一戴高帽，对改善与下属的人际关系能带来意想不到的好处。给下属“戴高帽”除了能够有力地赢得下属的好感和信任外，更重要的是能给那些不太自信的下属以极大的激励，让他们精神抖擞、自信地完成你交给他们的任务。

“戴高帽”确实有神奇的功效，但戴的方式也有技巧，要讲究方法：戴高帽要有一个度，不要夸大其词，过度的不切实际的高帽只会起到适得其反的效果。比如你的下属对文字工作并不擅长，你却对他说：“听说你文笔不错，这个月的报告我看看你的水平。”听到这样的话他心里一定会非常反感，认为你在故意为难他。所以戴高帽也要讲究技巧，让下属戴得舒服，这样才能起到事半功倍的效果。

社交陷阱

无根无据、虚情假意地赞美给人一种油嘴滑舌、诡诈虚伪的感觉。作为上司，在夸赞下属时，如果夸大其词、不切实际，轻则引起下属的反感，重则有损自己在下属心中的威信。一旦形象倒塌，想要驾驭下属也就变得难上加难。

上司偶尔的赞美能够使员工得到启迪和满足，但是如果频频赞美就会让你的赞美变得廉价。过度地给下属“戴高帽”，会让下属产生骄傲的情绪，一旦下属骄傲过头，那你的建议和批评就完全没了效用，听惯了你的夸赞，再听到你不一样的评价，下属就会产生负面情绪，从而影响工作的进行。

另外，上司在夸赞下属时，不切实际、夸大其词的赞美也并不能起到激励下属的作用。过于虚假的赞美对下属是一种讽刺，这往往得到的不是下属的全力回报，而是他的记恨。

方法运用

上司要懂得赞美下属，更要懂得有技巧地赞美下属。上司给下属“戴高帽”既要让下属戴得舒服，更要戴得自然。上司如果能巧用“高帽子”，不仅可以让员工重新审视自己，帮他成就一个自信的新我，而且还能让作为上司的你从中受益匪浅。

当员工完成了某项工作时，最需要得到的是上司对他工作的肯定。上司的认可就是对他工作成绩的最大肯定，而给下属“戴个高帽子”更能起到意想不到的作用。但是戴这顶帽子最关键的是要把握好分寸，否则就会弄巧成拙。

不要觉得很难，其实称赞下属并不复杂。记住下面的方法，帮你轻松做到这一点。

（1）随时随地称赞下属

如在会议上或公司主持的聚会上、午宴上或办公室里任何可能之时你都可以给予一句话的称赞，就可达成意想不到的激励效果。最有效的做法就是走到下属中间，告诉下属：“你的表现真的很出色！”

（2）间接方式戴上高帽

比如假借第三人的口来表达你的赞美：“我听××说，你是个人缘很好并擅长交际的人，而且做事沉稳，我的部门有你在，看来我可以省心不少了。”这样的话在听者听来必定心里甜甜的，即使他并不如你所说得那么好，他也一定尽力朝着你所说的那个方向努力。

（3）新颖形式戴高帽

如果一个主管一再提及一个下属，对他是一种莫大的鼓励和恭维，提起某人以前做过的事、说过的话，也是对他的一种激励，这表示你对他的关注有加。这样的高帽让下属感觉得到了重视，自然会用更加努力的工作来回报你。

贴心忠告

（1）高帽也分样式

人各有不同，对不同的人戴高帽子的方法也就不同。不同的下属要用不同的高帽。聪明的下属对自己的能力和表现一清二楚。所以上司在赞美下属时要自然。

如对能力强的下属要表达出“你办事，我放心”的态度，在肯定他能力的同时更让他充分感受到你的信任；对能力一般但擅长交际的下属，可以说：“咱们部门的关系能够这么和谐，你的功劳可不小呢。”这样避重就轻地夸赞，可以让他更加努力地发挥才能。

（2）了解下属的性格特点

在工作中上司要善于观察下属，这不仅有利于将上司的高帽发挥最大效用，也可以促进上司洞悉下属的心理、想法、欲求，从而真正发现下属潜在的特质。了解下属可以从日常生活中，比如从口头禅了解下属的性格特点：

◆ 以“说真的”“老实说”“的确”“不骗你”作为口头禅的下属，有一种担心对方误解自己的心理，大多性格急躁且内心常有不平。

◆ 以“应该”“必须”“必定会”“一定要”作为口头禅的下属，自信心极强，很理智，为人冷静，自认为能够将对方说服，令对方相信。

◆ 以“听说”“据说”“听人讲”作为口头禅的下属，做事往往给自己留有余地。这种人的见识虽广，决断力却不够。

◆ 以“可能是吧”“或许是吧”“大概是吧”作为口头禅的下属，自我防卫甚强，不会将内心的想法完全表露出来。在处事待人方面冷静，所以，工作和人事关系都不错。

（3）不能把自己的意志强加到下属身上

作为上司，你有决定工作方向和指导下属工作的权力，但是下属都有自己的行事作风和性格特点，不要把你的意志强加到下属身上。你在指出工作大的方向之后要给下属充分自由的空间发挥自己的能力，不要事事都要求下属按照你的方法做。

在工作中，不论是上司还是下属，大家的目的是一致的，那就是把工作做好，做出业绩。所以只要能有一个令领导满意的结果，那么过程就不必太过计较，放手让下属去发挥，这样才能调动下属的工作激情，做出更好的成绩。

4　“空头支票”会打消下属的积极性

人们工作的目的除了充实生活外，更主要的一点就是为了得到相应的报酬，从而提高生活质量。当工作出现困难，甚至停滞不前时，上司总是用各种方法激励下属，想要调动下属的工作积极性，而许诺在完成工作后给下属相应的奖励则成了其中最重要的一种方法。

在许诺时，一些上司只是想到眼前如何调动下属的积极性，却没想到许诺后诺言的可实施性。正所谓“轻诺必寡信”，轻易说出口的诺言，最后往往失信于人。而上司作为下属眼中公司的代表，一旦失信于下属，那就会打消下属的积极性。如果长此以往，下属对你失去信任，没有了工作积极性，那么工作就很难进行，你的地位也难保。

社交陷阱

“支票”是每个员工辛苦工作的动力，上司用物质奖励作为激励下属的手段屡试不爽。但是如果上司总是开出“空头支票”，下属在累死累活地完成任务后总是得不到应有的回报，长此以往，就算脾气再好的下属也会变得心灰意冷。一旦失去了下属的信任，上司最后的结果只能是众叛亲离。

生活中一些人喜欢顺口答应别人事情，而事实上却无法做到，这就叫作“空头支票”。在面对下属时，上司如果乱开“空头支票”，不仅会打消下属的积极性，如果长此以往，还会失去下属的信任。一个言而无信的上司，很难得到下属的拥护。下面的案例就说明了这点。

某公司销售部的员工在辛苦工作了一年后，终于等到上司兑现诺言的时候。他们的上司王经理在年初的时候对他们许诺说："大家今年好好干，如果今年的业绩能够比去年增加，那年终的时候，我会为大家申请提高年终奖金。"就是因为这句话，大家辛辛苦苦、加班加点地工作了一年。终于等到了上司兑现诺言的时候，于是大家推选了一位今年业绩最好的同事——小李去探探经理的口风。

小李来到经理办公室，兴致勃勃地问道："王经理，您说过只要我们今年的销售业绩能够比去年有所增加，年终的时候就给我们加奖金，我们今年的业绩比去年增加了20%，我们的奖金是不是也可以增加20%？"

王经理听后皱了皱眉头说："这个……我是说过要给大家申请增加奖金，但是小李你也应该知道，公司有自己的一套关于薪金和年终奖金的规定，并不是我可以随意更改的事。这样吧，我再向总部申请看看。"

小李听后略表不满："啊？王经理，我们今年就是因为您年初的承诺，所以才拼死拼活地做业绩，现在您又这样说，这让我怎么跟其他同事说呢？"

王经理又安慰道："小李，我一定会向总部提出申请，表彰你们的辛苦工作的，一定会的，我保证！好了，出去工作吧。"

最后小李失望地离开了经理办公室。在同事们听到小李传达的消息后，大家都失望了，觉得一年的努力没有得到上司该给的回报，大家心灰意冷。第二年业绩大幅度下滑，而王经理也因为没有完成公司既定的销售额被公司降了职。

在工作中经常会有这样一种上司，当他听到下属请求时，往往认为事情颇易实现，并不详细考虑各种情况便一口答允，结果由于情况变化或本身判断错误，以致发生执行上的困难而失信于下属。失信于下属就等于在下属面前没了威信。作为上司，没有了威信，最后往往自己遭受损失。

方法运用

人与人之间只有互相讲信用，彼此信任，才能谈得上下一步的发展。上司要想赢得下属的信任，首先必须言而有信，答应下属的事情一定要做到，“空头支票”绝不能开。这样既不会失信于下属，也给自己留有了后路。

作为公司的中层管理者，上有上司，下有下属，由于处于中间位置常常上下为难。要想在公司赢得自己的一席之地，上司就更要有自己的处世技巧，既不能失信于下属，也要给自己留有余地。

例如，在工作中即使需要给下属做出承诺，也不要把话说死，要给自己留些回旋的余地。事实上，公司中的事情错综复杂，管理上的事情更是花样繁多，有时事情没有到最后关头往往很难定论。你对于下属不要轻易许诺，把“一定”换成“好像”“可能”“或许”“研究一下”等，就不至于陷于被动。

另外，可以用“惊喜”的方式奖励下属，这样的效果会更加持久。“惊喜”就是对下属的奖励事先不说出来，而是在下属完成任务后给予下属奖励。下属事先没想到有奖励，最后你给了，下属会觉得意外，会感激你。这样的效果要比事前许愿要有效得多。可以事先向下属暗示，但给多少“惊喜”最好在事后。要让下属意识到做好工作是应该的，而奖励只是为了奖励这次特别的努力。这样培养下属努力工作就有回报的意识，那也就不用为下属不好好工作而发愁了。

贴心忠告

（1）适当给下属一些压力

在工作中，上司除了用激励的手段来调动下属的积极性外，适当给下属施加一定压力，也能很好地起到激励作用。给下属施加压力，最好的办法就是检查下属的工作。事前不妨明确地告诉下属你要检查他的工作进度。在检查工作中要注意：

◆ 确保检查时间。这样可以让下属合理安排好阶段性工作。

◆ 采用定性与定量相结合的检查手段。这样可以确保检查结果的说服力。

◆ 要及时将检查结果反馈给下属。这样可以使下属做到心中有数，以便安排好下面的工作。

这样的检查方法通过提前给下属施加压力，从而激发下属的紧迫感，而这种紧迫感往往能创造出不同凡响的效果。将检查结果及时反馈给下属，如果情况不够乐观，下属可以及时扭转不利局面；如果结果良好，则会使下属深受鼓舞，在接下来的工作中创造更好的成绩。

（2）做事要坚持原则

一般来说，上司在表态之前应该知道事情的前因后果和下属的真实意图，在采取行动前最好能有个充分的思考过程，根据实际情况，因人因事而异，采取直接或间接的表态方式。

如果上级有明文规定，可以依据文件做出正面解释，如果没有文件规定，可以在坚持原则的前提下，灵活把握。一个管理者本身也常常受多种条件的限制，如果无视这些制约，认为什么事情都能一个人说了算，必然会乱开“空头支票”，如果不兑现，则会给别人一种轻诺寡信的印象，很不利于今后工作的开展。

5 任人唯贤，给能力强的下属表现的机会

作为公司中的中层领导，应该在部门内部为下属营造一个良好并且公平的用人环境，为真正有能力的员工提供施展才能的舞台。在工作中，上司应该给予每个下属公平的机会，要任人唯贤，给能力强的下属表现的机会。

对属下一视同仁，坚持用人唯贤的原则是上司与下属和谐相处的一个重要方法，也是上司赢得下属信任与好感的关键所在。在一个公平良好的工作环境中，能力强的下属能力得以发挥，而能力稍差的下属也会因为压力而奋起直追，这样的工作态度，必定能创造出良好的工作业绩。反之，如果上司“偏心眼儿”，那么其他员工就会怨声载道，甚至公开表示自己的不满。一旦团队出现分裂，那么就会失去凝聚力与战斗力，工作必定受阻。由此可见，一个公司业绩的好坏与中层领导的用人有着莫大的关系。

社交陷阱

作为上司如果仅凭个人好恶、亲疏、恩怨、得失看人用人，那么在使某些才能平庸、善于投机取巧甚至有严重问题的人得到重用的同时，必然使一些德才兼备的优秀人才被埋没，甚至遭受不应有的打击，这将严重影响工作的进行，甚至带来无法弥补的损失。

一个中层领导是否能够坚持公道正派、任人唯贤，是关系到工作是否能够顺利进行的关键。有的上司喜欢听恭维话，所以就把善于逢迎的人当成人才；有的上司热衷于搞小圈子，所以就对气味相投的人倍加欣赏；有的上司看重个人恩怨，凡对自己有恩惠的，则想方设法予以重用。这些情况的存在使一些才能优秀的人才被埋没，而且一旦让这种不正之风得到蔓延，那么将会带来极其严重的后果。

事实上很多中层领导不能避免这一点，可以说是一些根深蒂固的惯性思维在作怪，是一些错误的用人心理所导致的。

◆ 自私自利的错误心理。表现为：以自己的是非为是非，嫉妒上司支持或重用他人。这样心理的出现，不仅不利于创造良好公平的工作环境，反而助长不正之风，危害甚大。

◆ 利益为上的错误心理。表现为：是非标准是看能给自己带来多少好处，凡能给他带来好处的，就加以重用，而不能给他带来好处的，即便给集体带来的好处再多，他也全然不顾。这样的心理完全违背了以公司利益为主、顾全大局的原则。

◆ 唯我独尊的错误心理。表现为：顺我者昌，逆我者亡。喜欢恭维，讨厌挑剔，容不得半点反面意见。这种心理在职场中导致的危害是：善于奉承、能力平庸的员工得到重用，而刚正不阿、能力优秀的员工反而受到排挤，影响工作凝聚力的形成。

方法运用

作为中层管理者要知人善任，要认真地考察下属并了解下属的性格和特长，把每个下属都安排到适当的岗位上去，充分地让他们发挥自己的特长、施展才干。在工作中任人唯贤，给能力强的下属表现机会，这样才能调动下属的积极性，带动你的团队完成工作目标。

要做一名善于用人的中层领导，必须学会考察下级，这是中层领导的一项基本功。中层领导不掌握考察人的本领，就无从辨别贤愚优劣，也无法对下级进行奖惩和升降。那么，中层领导应如何考察和识别下级呢？来看下面的一些方法。

（1）要善于观察，见微知著

作为上司不仅要有很强的工作能力，而且还要有很强的观察能力。上司了解下属的一个重要途径就是平时的观察。从下属的日常生活中，善于观察的上司可以总结出下属的性格和特长。一个细小的动作，一句口头禅，都可以成为上司了解下属的重要方面。从下属细微之处的表现总结下属的能力，是一个中层管理者应该具备的能力。

（2）善于听从群众的意见

考察和识别下属，仅靠上司个人的智慧和眼光，难免有片面性和局限性。上司要想对下属的思想、品质和能力进行全面客观的了解，必须充分听取群众的意见和看法，这样，不仅有利于防止和纠正可能出现的偏见，而且可以使中层领导开阔视野，拓宽知人渠道，在更广的范围和更多的层次中选贤任能。

（3）用业绩考察能力

这是所有考察途径中最主要的一种方法。一个下属能力的强弱，主要应看他的业绩如何，是不是真正在实际工作中取得了一定的成绩。如果一个下属在一段时间内工作业绩一直平平，就不能说这个下属是优秀的。在今天的形势下，业绩就等于能力，没有业绩，那能力也就无从谈起了。

（4）用试用期证实评价

上司在正式任用某一下属前，对他的各种判断和评价还没有得到实践证实，还不足以证明他是否胜任某项工作的时候，最好给他一段试用考察期。经过试用确实称职，那就正式任用，否则就另选他人。试用期的好处有：

◆ 可以避免主观判断的错误。

◆ 可以令其他员工口服心服，便于将来合作。

◆ 能使被选用者熟悉工作，获得经验，以便在正式任用后更加得心应手。

贴心忠告

（1）德才兼备才是好下属

业绩可以证明下属能力的强弱，但业绩不是衡量一个下属的唯一标准。下属业绩的好坏固然是衡量员工的重要标准，但员工本身的态度和努力程度也非常重要，不能忽视。例如：销售业绩不好，可能是因为这个市场本身障碍非常多，如人们对产品的接受度、其他品牌的占有率高等。如果下属确实付出艰辛的劳动，努力去提高业绩，对于这样有上进心的员工，业绩数字不好看，不足以说明他能力不足。所以上司在用人时应注意，业绩不代表一切，德才兼备的才是好下属。

（2）严格要求下属

有些惯于纵容下属的上司对于能力强的下属往往会放松要求。但是“严师出高徒”，对下属严格要求的上司，才能带出一批能征善战的下属。有时上司对下属过于宽容，实际上不利于他们的成长。上司面对下属的懈怠时，千万不能轻易降低要求，纵容下属，那样只会使下属的能力无法完全发挥，甚至业绩停滞不前。上司对下属进行严格要求，才能让他们真正获得成长。

6 敢于决断的上司最完美

上司就是在所管辖范围内作决断的人。上司能力的强弱，往往首先取决于决断的正确与否。不管什么样的部门或组织，上司在关键时刻的拍板能力都是至关重要的。上司是否有能力、有智慧，人们首先看他在关键时候怎么决断。如果说“执行”是如何完成任务的学问，那么“决断”就是如何明确任务的艺术。决断是执行的前提。没有正确的决断，执行就可能会让组织走上事与愿违的道路，离既定的目标越来越远。

那什么是决断呢？决断就是领导者依据自己的知识、经验，直接对非规范性事件及重大问题所做的决定和判断。一个优秀的上司一定具有善于决断的能力，而优柔寡断的上司往往因为不能及时地对问题做出决定，最终影响整个团体的工作进度，为以后的工作带来不必要的麻烦。

社交陷阱

在实际工作中，上司常会遇到下属的请示或一些比较棘手的问题，这时如果当断不断，就会使问题扩大，损失越来越大，而上司由于没有决断的能力，在下属心中的地位也会动摇。工作中优柔寡断是上司在职场中的大忌。

优柔寡断的上司主要有以下表现：总是推迟做出决策，总是不停地考虑所有可能做出的选择，或者想要寻找更多的数据或信息。他经常告诉身边的人自己需要做出一个决策，想听听他们的意见，要么就埋首于其他的项目或工作中，以逃避做出决策。这样的做法不仅影响下属，甚至还影响到整个部门或企业的发展。

没有下属喜欢在优柔寡断的领导手下工作。如果你总是游移不定，对于应该处理的工作不能当机立断，那就会影响下属的工作积极性，甚至让下属怀疑你的能力，这就直接影响了你在下属心中的地位。而且在工作中不能及时做出决策，影响了工作的进度，也会导致部门甚至整个企业完不成工作任务，危害甚大。

方法运用

优秀的管理者都具有“当机立断，处事果决”的决策思维。做一个敢于决断的上司要有敏锐发现的目光，要有善断并且决断的勇气和胆识，准确把握企业发展的命脉，在关键时刻果断做出决策，及时调整经营策略，转移战略方向。

在关键时刻及时明确地做出决断是身为一个领导者必须具备的能力。一些领导者往往没有敢于决断的魄力和勇气，而决策的延误往往导致工作停滞甚至带来损失，这样的后果往往让他们后悔不已。那么应该如何克服优柔寡断的性格，具备敢于决断的能力呢？具体方法如下。

（1）取人所长，补己之短

中国古语说：“三人行，必有我师。”作为上司虽然有能力超群之处，但也有弱点。借鉴别人的成功经验，提高自身的学习能力，取众家之长，克己之短，这样在不断的进步之中，丰富经验，开阔眼界，有助于你在遇到问题时保持清醒的头脑，从而做出正确的决策。

（2）当断则断有主见

在做决断时，很重要的一点就是要有自己的主见，能够凭借自己的知识与经验，通过缜密的思考，做出独立的决断，也就是我们常说的拿得起放得下。当条件已经成熟或基本成熟，或者在等待的过程中出现了良好的时机，你就要毫不犹豫地下定决心，做出果断处置。如果你错失良机，反而会把事情搞得更难处理，最后“当断不断，反受其乱”。

（3）正视问题，自信面对

工作中出现的问题或困难客观存在，作为领导者只有正视它，才能克服它。在需要做出决断时除了要保持清醒的头脑外，最重要的是要有自信，要相信自己的能力，相信自己的判断从而准确及时地做出决断，这样才能保证工作的顺利进行，而一个有魄力的上司也会赢得下属的认可和信赖。

（4）顾全大局，抓住根本

作为上司要顾大局，不要着眼于细节，更不要妄想什么事情都想抓，都想管。人的精力是有限的，如果什么都抓，什么都管，那精力就会被分散，而且只着眼于小事的上司，不能尽到自己的职责也将很难成为一个有作为的领导者。

（1）决断并不是主观武断

决断看似是个人的决定，但从决断的内容和过程来看，除了运用自己已有的知识和经验外，你也应尽量听取其他各方面的意见，全面考虑，用他人的长处弥补自己知识和经验的欠缺，才能使所下的决定更加正确。

在决断过程中，上司千万不能主观武断。因为一个人的知识和经验受客观条件制约和主观努力影响，不可能达到总揽全局的程度。

在决断各种问题时常犯的错误，一是只注意自己可能成功的一面，而忽略可能失败的一面；二是只注意自己的主观意见，而忽视他人的意见。所以，上司要多与下属沟通，多听取下属的意见，这样才能做出更加明智的决策。

（2）做有意义的决策

实际工作中，有的领导者在回答下属请示时显得很客气，很谦虚，但是却经常说些模棱两可的话，可左可右，对下属的意见，经常做出“不错”“可以”等回答，这使下属无所适从。这种决断虽然找不出什么错误，但没有意义。

高明领导者的智慧表现在回答下属问题时能肯定哪些是正确的，哪些是错误的；对事物的理解上，入木三分，精辟深刻。在下属提出建议或请求时给下属以明确的回复，做有意义的决策，这样才能成为一个下属敬重、愿意服从的上司。

7　做上司与下属间的“双面胶”

在职场中，员工认为自己过得苦，老板认为自己过得累，而实际上，最苦、最累的是那些中层领导们。中层领导是团队中的骨干力量，他们兼有管理者和被管理者的双重身份。这种特殊的身份使他们处在一个极不稳定而又十分尴尬的境地。在下属看来中层领导是老板的帮手，只想着帮老板管住自己，从而实现自己升职的目的；而在老板看来中层领导是员工的代言人，只想着替员工诉苦、争取报酬。

处在这样的环境中，中层领导们不仅不能出现错误，而且还要起到“承上启下”的作用，要成为上司和下属间的“双面胶”，否则将会举步维艰，寸步难行。

社交陷阱

身在职场，工作中难免出现困难，而作为中层领导，如果不能及时地沟通上下级间的意见，就会使工作出现断点，一旦令下属抵触，上司反感，不仅影响你的工作，还会把自己逼入一个“两头受气”“两头不讨好”的尴尬境地。

一个令许多中层领导头疼的问题就是在工作中上下受气。在日常工作中既得不到下属的认可，也得不到上司的赏识，这样的处境让中层领导们步步受挫，王吉就是其中的一位。

王吉进入公司两年，由于业绩十分突出且能力较强，被公司提拔为部门经理。刚刚走马上任的王吉心情十分愉悦，但是好景不长，上任刚刚两个月他就感觉到不仅下属违抗他的命令，连上司看他的眼神也变得十分不悦，这样王吉十分苦闷。

其实，这种情况的发生原因就在于王吉在上任时没能很好地了解自己所处的位置。在给下属布置工作任务时他经常这样说："有困难大家也要完成，这是上边交给你们的任务。"次数多了，这样的表达就让下属产生了"你和我们不是一起的"的想法。而在面对上司汇报工作时，王吉经常这样说："这次的任务十分困难，我们完成得也十分辛苦，具体是这样的……"这样的汇报在上司听来就有些邀功的意味，久而久之，就把王吉当成了员工的代言人。随着时间的推移，王吉不但没有在经理的职位上做出更好的成绩，反而在上司和下属之间没有了位置。最后随着情况越来越恶化，没有采取任何行动的王吉不但没能做出骄人的成绩，反而被上司降回了原职。

王吉的失败不是因为没有能力，而是因为没有正确认识到自己的职能和作用。在工作中，王吉没有起到"承上启下"的作用，而是扮演着局外人的角色，既没有拉拢下属的意识，也没有考虑到上司的看法，所以这样的失败是不可避免的。

方法运用

作为中层领导既要有过硬的专业技能，又要有成熟的管理水平，更要有良好的沟通能力。职场中，中层领导应起到承上启下、承前启后、上情下达的作用，要带领自己的团队时刻与公司发展的方向保持一致，并努力使团队工作目标得以达成，推动公司向前发展。

如果把员工比作企业的基石，把老板比作屋脊的话，那么企业中层管理者则是企业承上启下的顶梁柱。

企业中层管理者是员工的领导，又是老板的部属。他处在员工和决策者之间，成为企业连成一线的"点"。这个"点"在企业中是十分重要的，作用也是不可替代的。那么该如何做好这个"点"，实现承上启下，完成

"枢纽"这一角色呢？下面的一些方法，相信对你有所帮助。

（1）保持消息渠道畅通

由于中层领导处于中间位置，所以要始终保持与上级领导的渠道畅通，使上情下达，下情上达；要经常与上级领导沟通，在使上级领导了解下级情况的同时，也能及时掌握上级领导的工作意图和指导思想，以使自己的工作做得更好。

（2）传达消息实事求是

中层领导在沟通时，无论是传达上级领导的指示，还是向上级领导反馈情况，都要一是一，二是二，不扩大，不缩小，实事求是。这样将上级和下级的真实意图传达给双方，那么不仅能够赢得上级的好感，也能赢得下属的信赖。

（3）学会协调

中层领导要学会协调，通过与上级协调，争取上级领导的支持；通过与下级协调，保证上下级消息畅通和齐心协力的工作。在做协调时要注意：不要把自己当作局外人。

中层领导面对上级时，要体谅上级领导的难处，领导有难处时，要帮其出点子、想办法，必要时为领导挺身而出并经常与上司用谈心的方式以交流感情、融洽关系；在面对下属时要严于律己，宽以待人。大事讲原则，小事讲风格。当工作有失误时，你要敢于承担责任，不要揽功诿过。

中层领导在工作中要明确认识到自己的职责和作用，协调好与上级和下级的关系，这样才能站稳脚跟，立于不败之地。

（4）考虑问题要顾全大局

作为中层领导要经常把本部门的工作放到企业整体中去考虑。当本部门的利益影响到企业的利益时，中层领导要敢于牺牲本部门的利益，保全大局利益。这样就能够赢得上级领导的信赖，而当你的做法为企业赢得利益避免损失后，下属也会对你的决策信服，并增加对你的崇拜。

（1）不能只当"传话筒"

中层领导在传达、贯彻、执行上级领导的指示时，不能只当"传话筒”，要有创造性地工作。不论是上情下达，还是下情上报，除了要把双方的想法传达给对方外，你一定要有自己的想法。在你传达上级指示时要善于把领导的指示同部门的实际情况结合起来，灵活运用；在上报部门情况时，要向上级提出合理性建议和方案。这样在发挥作用的同时，展现自己的才华，才是一个优秀的中层领导该有的表现。

（2）说话有艺术

中层领导要起到“承上启下”的作用，拥有良好的沟通能力十分重要。而沟通往往是通过语言，所以作为一名中层领导说话也要有艺术。你既不能像上司那样“畅所欲言”，更不能像下属那样说话不负责任。

成功的中层领导在和上司汇报工作时要做到条理清晰，随机应变，这样才会得到老板的青睐和赞许；而在和下属谈话时要做到和颜悦色，入情入理，这样赢得下属的信任，他们自然会为你努力工作。

8 以“情”动人>以“钱”动人

企业中作为上司不仅希望下属能够长期稳定下来，更希望他们全心投入工作。为了达到这个目标，领导们往往通过各种激励员工的方法来激发员工工作动力，调动员工工作积极性。实际上，企业的管理者每时每刻都在有意无意地应用着各种激励模式进行管理。实践证明，若管理者不会合理应用符合客观规律和实际情况的激励模式，就无法取得好的激励效果。

领导者要把握员工的各种行为，激发员工的积极性、创造性，最大限度地发挥员工的潜能。能够运用激励政策激发、鼓励和调动员工的热情和动机，使员工潜在的工作动机尽可能充分发挥和维持，更好地完成工作，也是领导者的重要职能之一。

社交陷阱

一些企业的管理者热衷于以“钱”动人，却往往忽略情感激励的重要性，不重视对员工情感方面的鼓励。结果员工的贪心扩大，物质的刺激使员工变得麻木，工作的积极性得不到激发，预期的目的达不到，反倒耽误了企业的发展。

一些领导者经常通过对员工进行物质激励以达到鼓励员工的目的，如发放资金、增加津贴、保证福利等。但在实践中，不少领导在使用物质激励的过程中，虽然耗费不少，但是却并没有达到预期的目标。下面这位老板就是费钱不讨好：

一家广告公司的老板每年国庆节都会额外给员工发放一笔500元的奖金。但几年下来，老板感到这笔奖金正在丧失它应有的作用，因为员工在领取奖金时的反应相当平静，每个人都像领取自己的薪水一样自然，并且在随后的工作中也没有人会为这500元表现得特别努力。既然固定的奖金起不到激励作用，老板决定改变这种模式，于是奖金改为不固定的发放，在员工工作取得成绩时，会得到额外的奖励。但是不久后老板发现：在有奖励的情况下，员工确实会努力工作，但是一旦没有了奖励的发放，有些员工就出现明显的情绪低落，工作效率也受到不同程度的影响。这使老板很困惑：我到底该怎样做，才能让员工的工作积极性持久地保持呢?

这位老板困惑的原因就在于：忽略了情感激励的重要性。他在激励员工的过程中，认为物质奖励能解决员工的一切问题，但却忽略了情感激励的重要性。加强与员工的感情沟通，尊重员工，使员工始终保持良好的情绪以激发职工的工作热情，这样员工的积极性才能持久。

方法运用

除了物质激励外，情感激励也是十分重要的激励手段，它通过满足员工的自尊、自我发展和自我实现的需要，在较高层次上调动员工的工作积极性，有时往往比物质激励的效果更持久。有时往往以“情”动人要比以“钱”动人更能激发员工的积极性，获得更大的收获。

情感激励就是加强与员工的感情沟通，尊重员工，使员工始终保持良好的情绪以激发员工的工作热情。所谓“受人滴水之恩，当以涌泉相报”。与物质激励相比，通过情感激励给员工以恩情，会让员工更加感动从而更有工作动力。情感激励能充分调动员工的工作激情，促使他们以饱满的热情和充沛的精力全身心投入工作，并始终保持积极的状态和高昂的斗志。情感激励的方法主要有以下几种。

（1）从细节关心员工

关心员工是全方位的，但关键要从细节入手。在日常工作中领导要主动帮助员工解决他们在生活、工作、学习中的困难和问题，消除他们的后顾之忧。从日常的点滴中关心员工，感动员工。员工心存感激地工作，必定会充满动力。

（2）尊重员工

人人都希望赢得别人的尊重，而在工作中尊重员工就是理解、认可和激励员工的一种表现方式，能激发他们的积极性和创造性。用平等、平常、平静的心态对待员工的个性和爱好，正视员工的成功与失误，给予员工应有的地位和荣誉，都是对员工的尊重。让员工感受到尊重，他回报给你的将是更加努力地工作。

（3）适时地赞赏员工

员工在其所从事的领域做出一定贡献、取得一定成绩之后，都具有自我肯定、获取认同的需要。作为领导者，一个赞许的微笑、一句肯定的话语、一份适当的奖励，都是对员工奋进行为的赞赏，对员工工作价值进行肯定，就能增强员工的工作热情，从而达到激励员工的目的。

贴心忠告

（1）物质激励和情感激励缺一不可

在实际工作中，领导如果在物质方面一直没有任何表示，而总是空谈对员工的关心和思想激励，那就很容易让员工产生“领导很虚伪”的感觉，这种情绪就会影响员工的工作激情。同样地，如果“一切向钱看”，那么单靠物质奖励调动起来的积极性也是不牢固的。所以，领导者在实施激励时要恰当使用两种激励手段，这样才能让员工鼓足干劲，做出成绩。

（2）坚持适度和公平的原则

领导在下达工作任务时要有技巧，要求既不能过高也不能偏低，可以制定一个让员工经过努力就可以实现的目标，这样既能调动员工的工作积极性，也能激发员工的内在潜力。在奖励员工时要遵循公平合理的原则，既要符合公司的相关规定，也要根据员工的表现稍有不同，这样才能真正达到激励员工的目的。

（3）注意员工心理变化

领导在日常生活中要注意了解员工的心理变化，及时掌握员工的情绪变化，这样有助于更好地与员工沟通。了解员工心理变化可以通过以下几种方式：

- ◆ 工作时员工的努力程度，如：员工的工作时间长度等。
- ◆ 员工平时的情绪波动，如：员工是否会经常大发脾气等。
- ◆ 员工在接受任务时的态度，如：面带微笑或表情僵硬等。
- ◆ 工作出现困难时员工的表现，如：畏缩不前或积极帮忙等。

注意员工的心理变化，才能更好地选择激励方法，最终达到调动员工积极性，提高工作效率的终极目标。

9 用“糖衣炮弹”批评下属，治标治本不失人心

批评，是一件令人十分难为情的事，无论是批评者还是被批评者，在这种特定的氛围中都一定会感觉尴尬。在职场中，如果下属的错误不能得到领导的及时纠正，就可能影响工作的进度，甚至给企业造成负面影响。作为上司，在面对下属的错误时，有义务和责任纠正并帮助下属改正错误。虽然尴尬，但是在日常工作中这是每位上司都会碰到并且不能逃避的。

作为上司在面对下属的错误时，不同的解决方法能造成不同的后果。在批评时，如果注意技巧，那么不仅可以纠正下属的错误，还能让下属主动改正错误。相反地，如果方法不当，那么不仅治标不治本，还可能让下属反感，甚至失去下属的信任。

不恰当的批评方法会让下属产生畏惧，但也会让下属养成“不求有功，

但求无过”的工作态度。这种态度决定了员工的工作方式：对一切都照抄照搬，不愿寻求创新，而缺乏创新思想，就不可能做出成绩。

当下属犯错误时，作为上司心里肯定十分恼火：难道你不清楚这样的错误给我们带来多么大的损失吗？！这是什么工作态度啊？！于是，忍不住把下属骂一顿或者直接扣除下属的奖金。这时员工虽然知道自己的所作所为错了，记住了这个教训，但他心里还是对领导不服，这就叫口服心不服，而你的批评也是治标不治本的，甚至还会失去人心造成更大的麻烦。来看这样一个例子：

某公司失火了，身为员工首先应该做的是为集体利益着想设法把火扑灭，但是由于公司领导平时对下属极其严格，对犯错误的下属更是惩罚严重，结果就出现了这样一种状况——失火后，员工不是考虑如何灭火，而是首先想到在起火案中他有没有责任，以及如何规避责任，还担心如果他前去救火，是不是会被人怀疑就是失火的责任人。因此，与失火现场无关的员工都尽快地离开了现场，防止牵连到自己。最后由于员工没有对失火的地方进行及时扑救，导致公司遭受了极大的损失。

由于领导平时过于严格的行事作风和对犯错员工的过度惩罚，养成了人人都怕担责任，人人都想方设法推卸责任的局面。上司对下属过失的态度和处理的方式决定了下属在面对错误时的心态。在工作中作为上司、领导要清楚地认识到：比错误本身更可怕和更能导致恶果的不是下属所犯的错误，而是员工犯了错误后却竭力加以掩盖或试图推卸责任。

方法运用

批评的真正目的并不在于批得下属体无完肤，发泄自己的愤怒，而是纠正下属的错误。因此，作为上司在面对犯错的下属时要注意方法。批评的技巧在于既不伤害下属的自尊心，又能激励下属的上进心，这样才能使下属创造出更好的业绩。记住：有时赞扬是最好的批评。

当下属出现错误时，你用表扬的方法帮助下属改正错误，可能会起到意想不到的作用。

马杰是某工厂的一名班组长，最近他的班组调来一个名叫王震的车间工人，大家对王震的评语是：经常迟到早退，没有上进心，不服从管教。过去的组长对王震都束手无策。

第一天上班王震就迟到了5分钟，中午又提前5分钟离开班组去吃饭，下班前10分钟，他已准备好下班。第二天也一样。

马杰观察了一段时间，发现王震缺乏时间观念，但工作效率却较高，而且成品优良，在质管部门都能顺利通过。于是，马杰对王震的迟到早退未置一词，只是微笑着与他打招呼。时间久了，王震反而觉得过意不去了，心想：过去的组长可能早就对我大发雷霆了，至少会斥责几句，但现在的组长毫无动静。感到不安的王震终于决定在第三周星期一准时上班，站在门口的马杰看到他，便以比平时更加愉快的语气和他打招呼，然后对换上工作服的王震说："谢谢你今天能准时上班，我一直期待这一天，这段日子以来你的成绩很好，算是班组的冠军呢！真是一流的技术人才，如果你发挥潜力，一定会得优良奖。也许我的话有些不中听，但是我还要说，为了你的前途你应该遵守规则，认真努力。"

王震听后表面虽然不动声色，但是心里却是十分感动。在后来的工作中虽然王震没有立刻改掉所有的缺点，但遵守上下班时间和工作情绪方面，几乎判若两人。

马杰在面对王震的懒散时采用了表扬的方法。首先对王震表示感谢，之后肯定了王震的技术，最后提出了自己的意见，这种"糖衣炮弹"显然对王震起到了作用。用赞扬去改正下属的错误，不仅不会打击到下属的尊严和自尊心，还能到达预期的效果，可谓是治标治本，更能赢得人心。一举数得，何乐不为呢?

贴心忠告

（1）想要得到就要付出

在运用赞美批评技巧时，上司需要有段学习、理解、忍耐的过程。面对犯错的下属，上司首先要控制好自己的情绪，尽量以弥补过失为主，之后在观察下属的行为后，发现下属的优点和强项，在肯定下属的能力之后，适当提出自己对这个错误的理解和自己的建议。这种过程对于上司来说，是十分克制的。不能急躁，更不能对下属破口大骂，忍耐的过程就是你的付出过程，如果你想获得管理下属的能力，就必须付出一定的努力。

（2）不要给下属留下没脾气的印象

有些上司在面对下属时总是显得没有任何棱角，过于好说话，给下属一种没脾气的感觉。如果总是以一种和颜悦色的面目来对待下属，对于他们不能完成的工作总是一而再，再而三地降低要求，降低标准，说到底这是上司对下属的一种纵容行为。上司用这种方式带出来的下属往往脆弱不堪、难当重任，因为在你慈善的心肠面前与不断降低的要求之下，部门的效率和业绩就会偏离预定的目标，偏离得越多，业绩也就差得越远。

（3）不能允许下属多次犯错

下属屡次犯同样一个错误，主管首先要查找自己在管理中存在的问题，如果问题不是出在自己身上，那么对于下属的责任心差、团队意识不强，就应该果断拿出处理意见，而不是在下属在错误犯了许多次后一直帮助或考虑怎样处理。

作为上司要在面对下属的错误时，属于下属的错一定要使其改正，如果下属一直犯错，那作为上司如果有权，可以直接解雇。绝对不能允许下属多次犯错，否则让下属产生依赖，不仅影响工作进度，也会影响你的团队发展。

10　信任是给下属最好的礼物

在职场中，信任是不可或缺的。作为上司想要树立自己的威信就一定要获得下属的信任，这样下属才能在工作中听你调动，按照你的指令行事。但是仅仅做到赢得下属的信任对于上司来说是远远不够的，要想完全驾驭下属，赢得下属的忠诚，还要做到信任下属。

在工作中，上司对下属的态度直接影响着下属的工作态度。如果上司是出于信任委派的任务，下属一定会兴高采烈地去执行，但如果上司是在怀疑的态度中下达任务，下属就会有一种“不被上司认可”的感觉，或“我是不是做错了什么”的担忧，这就直接影响了工作的正常进行。

社交陷阱

信任就像是上下级间的黏合剂，彼此信任就能增加彼此间的凝聚力。上司不信任下属的表现不仅破坏了这种凝聚力，而且还会打击下属的工作热情，压缩下属的忠诚。这样团队就很难有创新，甚至无法正常工作。

不信任下属的上司经常对下属这样说：“记住，再小的事情也要经过我的允许之后才能做。”“不看着你们做，我就是不放心。”“那不是你们能做的，这样就可以了，其他的你们不用管。”相信只要是有一定工作经历的下属，或多或少都听到过这样的话。听惯这种话的下属很可能就会变成被动接受任务的员工，没有了积极主动工作的热情。这也是为什么“不求无功，但求无过”这句话成为职场上很多人的金科玉律的原因。我们再来听听另一种声音——企业中不被信任的下属们是如何说的：

“我们都看着上司的眼色行事。在上司正式下达指示之前，没有人可以行动，也没有人想去行动。大家都没有自己去创造点什么的欲望，只是被动地接受上司的安排，和上司步调一致就能在公司中站稳脚跟，所以我们只是学会按照上司定下来的套路工作就可以了。”

“尽管上司经常对我们说要我们积极发表意见，但大多情况下不过是嘴上说说罢了，实际决策全由他来做。他不相信我们的意见是对的，结果我们这些实际工作者完全丧失了主导权和决定权。反反复复总是这样，后来我们就觉得：‘反正决定是由上头来做的，我自己要那么十全十美干吗？’往往敷衍了事就算了。”

当上司对下属产生不信任与怀疑时，就会使下属感到不被信任，能力的施展也受到限制，自然下属也就无心全力工作，工作效率自然也会随之降低。当下属杂念增多并对上司产生反感时，最终的结局就是两败俱伤。

上司信任下属，下属便会努力工作，上下级间的距离也会更近。作为上司，既然你选择用此员工，那就要给他一定的发挥空间，这样下属工作的积极性才能被调动，也才能创造更好的成绩。

无论上司对下属是何种信任，都能够激发下属的工作信心和热情。所以上司必须是在可以信任的基础上用人，否则可以坚决弃而不用。因为没有信任感的用人，即使委以重任，也形同虚设，起不到应该起的作用。

三国时的孙策十几岁就统率千军万马横扫江东，声震四方，年纪轻轻就干出了一番大事业。他的下属对他忠勇，愿意为了他连命都不要。孙策为什么能得到部属的拥护呢？只因为他信任部属。如果没有他对部属的信任，他也不会取得那么大的成就。

孙策对太史慈的重用充分地说明了对下属信任所产生的良好效果。当刘繇被孙策杀得大败，残兵败将逃散四方的时候，孙策派太史慈去招纳刘繇的部下。这时身边的人都担心太史慈会恋旧主而一去不返。而孙策却说：“太史慈不是那种人，你们放心好了。”孙策还亲自为太史慈设宴送行，握住他的手问：“什么时候能完成任务？”太史慈说：“不过两个月。”果然过了50多天，太史慈就率领着浩浩荡荡的队伍回到了孙营。

由此可见，信任下属就能赢得下属的忠心，从而促使他们死心塌地为你卖命并能最大限度地发挥才能。如果当时孙策听信了身边人的话，对太史慈产生怀疑，那么恐怕就不会有后来太史慈的真心归附了。

那么上司应如何做到信任下属呢？下面的方法会对你有所帮助。

（1）真诚是关键

如果职场中已经出现了信任危机，那就要立即采取行动。行动过程中要时刻遵循真诚性、互动性、谅解性的原则。特别是在日常工作中上司对下属一定要真诚，真诚是化解矛盾的关键，只要上司做到真诚地面对下属，即使短期有误会，但日久总是会见人心。

（2）上司要学会主动沟通

当出现问题时往往沟通是最好的解决方法。信任危机往往是上下级间的想法或做法出现不一致造成的，如果上司能够主动与下属进行沟通，问题自然可以较为容易地得到化解。

（3）相信下属是全方位的

相信下属并不仅仅是相信下属的工作能力，而是全方位地相信下属。一般来讲，信任下属包括这样几个方面：

- 相信下属的道德品质；
- 认可下属的工作态度；
- 理解下属的内在欲求；
- 明白下属的工作方法；
- 肯定下属的工作才智；
- 信赖下属的工作责任感。

（4）疑人不用，用人不疑

在用人前上司首先要通过仔细观察，而后用自己制定的用人原则来衡量下属。不符合标准的，坚决不用；合格的，即完全地放心使用。如果你想你的下属能全力以赴地完成你交代的任务，那么把你的猜疑之心收起来，哪怕你心里并不太信任他，也不能表露出来，而要让他感到你对他是充分的信任。

有时上司甚至还要有点冒险的精神，如果你信任的人确实不值得你信任，那么你也因此看清了一个人的面目，就当是学习了经验。长此以往，留在你身边的必将是那些值得你信任并对你忠心的人，而你的事业也会因他们的忠心而更上一层楼。

（1）不要对下属无话不说

信任下属并不是让你对下属无话不说。职场中信任下属表现在工作上，在给下属下达任务时如果你对他表现出信任的态度，能增强他的责任心，促使他用努力工作来回报你的信任。但是下属工作范围之外的事情，你大可不必事事都向下属说明。

作为上司你有权对下属的工作做出决策，这些是你的工作职责，没有必要一一向下属讲明，要保持自己的威信，要让下属感觉到你的权威，这样你的信任对下属来说才更加可贵，也才能发挥更大的作用。

（2）信任的前提是了解下属的为人

信任下属的前提是你要了解下属的为人。如果下属能力平庸却善于投机取巧，这样的下属就应该防范。信任是把双刃剑，用好了是对下属的一种激励，但是一旦运用不当就会让投机取巧的下属钻了空子，这时你的信任不仅不能达到你预期的效果，反而会给工作带来麻烦。

作为上司要在经过考核充分了解下属的为人后，再对下属以充分的信任和支持，这样才能让你信任发挥应有的效用——激励员工更好地完成工作。

第八章

给你一包爱情保鲜剂

——婚恋中的心理学原则

1　有爱就要说出口

古人有“在天愿作比翼鸟，在地愿为连理枝”“今日桑榆晚景好，共祈百岁老鸳鸯”的爱情夙愿，今人有“爱情是一片炽热狂迷的痴心，一团无法扑灭的烈火，一种永不满足的欲望，一分如糖似蜜的喜悦，一阵如痴如醉的疯狂，一种没有安宁的劳苦和没有劳苦的安宁”的爱情感悟。爱情，什么是爱情？正如查特顿说的那样：“什么是爱情？爱情是大自然的珍宝，是欢乐的宝库，是最大的愉快，是从不使人生厌的祝福。”更有约·谢菲尔德这样比喻爱情：“爱情是生命的盐。”爱情是人生命中不可或缺的。

《爱的艺术》中有这样一句话：“爱，不是一种本能，而是一种能力，可经有效的学习而获得。”这句话让渴望爱情的人充满了憧憬，但是却又有许多人找不到获得爱情的方法。本来，摸准对方的心思就是一件非常不容易的事，而在清楚知道自己的想法和感受后不敢说出口，更是让爱情与你擦肩而过。

社交陷阱

生命中有一种痛苦叫错过，爱情是美好的，但也是脆弱的，更是稍纵即逝的。当你在爱情面前犹豫良久终于下定决心要表达爱时，也许你爱的人已经心有所属。从此后你们便不会再相见，而你一直无法说出的那句话，只能由你独自承受，这时你所品味到的就是世界上最深刻的痛苦。

陈晓是一个优秀的女孩，人长得漂亮，工作能力也强，所以追求者甚多。而曹磊在陈晓的众多追求者中就显得有些高傲和冷淡。曹磊是一个优秀的男孩，人长得帅气，在工作上也经常受到上司的夸奖。本来两人看起来十分相配，而且曹磊也确实很喜欢陈晓，但是他内心的孤傲却让他始终放不下面子去向陈晓表白。这样看着其他同事对陈晓进行猛烈的追求，曹磊虽然内心挣扎，但始终不敢讲出心中对陈晓的爱恋。

两个月后，当曹磊终于下定决心要向陈晓表达爱恋的时候，传来了一个令曹磊深受打击的消息——陈晓接受了公司同事张羽的表白，成了公司

"名花有主"的人。这让曹磊十分沮丧。而让曹磊更受打击的事情发生在过了两个月之后。

一次曹磊和同事聚会，从同事的口中他听到了一个更令他震惊的消息——原来陈晓一直就暗恋着自己。当初陈晓一直以为自己会和曹磊成为令人羡慕的一对，但是在一次又一次地看到曹磊冷淡和不屑的态度后，陈晓失望了。在陈晓绝望的时候，张羽出现在陈晓面前，张羽的表白感动了陈晓。曹磊听后悔断了肝肠，但已无济于事。这时他才知道，他错过的不仅仅是一句话，更是一段原本可以美满甜蜜的爱情。

错过才知道后悔；失去才知道珍惜。既然爱了，为什么不让对方知道？人生无常，要学会珍惜，爱了就要说出口。否则那些情真意切的话，就可能永远没有机会再说，只能永埋心底，而留下的只能是人生的遗憾以及深深的叹息。

方法运用

想要获得爱情，享受爱情的甜蜜就要大胆地表达出来。只有表达出来才会让别人知晓你心中所想。有爱说出口，才对得起自己，才不会给自己的人生留下遗憾。爱了，起码要让对方知道，也许有时结果令人伤心，但是尝试过才不会后悔。

在爱情面前，再聪明的人也会变成傻瓜，所以要如何表达你的感受，如何说出你的爱恋，也是一个艰难的过程。要表达爱，更要有方法地表达，这样才能在表达中得到自己想要的回答。

（1）善于表达自己的感情

坦率直白地说出你的爱意，往往能得到你最想要的结果。简明，直率，不虚伪造作，大胆毫无保留地向对方倾吐自己的感情，用一种单刀直入、直接挑明的方式来了解对方的内心，对性情直率的人来说，这是最好的方法。

电影《锦上添花》里的铁英在对段志高表示情意时，一点也不拐弯抹角："痛痛快快地说吧，你喜欢不喜欢我们这个地方，喜欢不喜欢我们这儿的人，喜欢不喜欢我？我就喜欢你！"

列宁的求爱也是直截了当。列宁向克鲁普斯卡娅求爱时就直截了当地说："请你做我的妻子吧！"而一直爱慕列宁的克鲁普斯卡娅也很干脆地回答："有什么办法呢，那就做你的妻子吧！"列宁的求爱言语简明扼要，感情诚挚，给人以难以抗拒的力量。

（2）悬念让爱情更加甜蜜

当两人互生情愫后就应该抓住时机，向心上人表达爱意。恋人为了避免直露的生硬，常常运用自己的智慧，使得求爱的方式新颖别致。

马克思年轻的时候向燕妮表白爱情就是一个成功的典范。在一次约会中，马克思满脸愁云地说："燕妮，我已经爱上了一个姑娘，决定向她表白爱情，不知她同意不同意。"燕妮一直暗恋着马克思，此时不禁大吃一惊："你真的爱她吗？""是的，我爱她，我们相识已经很久了。"马克思接着说："她是我碰到的姑娘中最好的一个，我将从心底里爱她！""这里还有她的照片，你愿意看吗？"说着递给燕妮一个精致的小木匣。燕妮接过用颤抖的手打开后立刻吓呆了，原来里面放着一面镜子，"照片"就是她自己！即刻，一股热流涌上她心头，沉浸在幸福和甜蜜之中的燕妮猛扑向马克思的怀抱。

这就是制造悬念求爱法：先制造一个悬念，有意让对方树立一个误解——自己爱上别人，给对方造成一种欲爱不成，欲割难舍的状态，"引诱"对方一步步"上钩"，然后，突然使对方恍然大悟，实现爱的转折，出现先惊后喜的心理效果。

（1）注意爱情的表达方式

马克思曾经说过："在我看来，真正的爱情是表现在恋人对他的偶像采取含蓄、谦恭甚至羞涩的态度。"含而不露的表白方式，是指用不包含"爱"的语言，表达"爱"的情感。如果不懂技巧和方法，对方在毫无准备的情况下，肯定会做出最本能的反应——拒绝，甚至还会让对方对你产生反感。

（2）不做爱情"钉子户"

一些人热衷于在爱情战壕里做坚贞不屈的"钉子户"，死缠烂打以捍卫自己心中的爱情，殊不知，爱情有时候却是说不清道不明的。有时候，你自认为是对爱情的坚持，但很多时候，对方已经把你当成了牛皮糖，恨不得想尽办法甩掉你，这样爱情"钉子户"没有任何意义。

所以，爱情“钉子户”真的做不得。要知道，感情并不是死拽着就能得到的。爱情“钉子户”有时候不仅不能赢得爱情，反而会丧失尊严。

2 不做爱情里的“提线木偶”

爱是一种创造行为，而被爱则是一种被迫接受的形式。在生活当中，得到幸福的人通常主动去创造生活，而被动生活的人往往得不到他们所需要的幸福。爱与被爱都有幸福，但主动去爱能令幸福更长久，而被爱的幸福则可能随时消失。

一些女孩子认为：女孩子应该保持矜持的态度，面对爱情要谨慎。匆匆而过的生活里，幸运的女孩可以遇到愿意主动关心爱护她的人，而不幸运的女孩即使遇到了这样的人，也是很疲惫不快乐地接受。确实每个女孩都喜欢享受被爱的感觉，有的甚至认为只有被爱才是快乐和幸福的，但是“爱”是个主动词，不是被动词。当它由一方主动带动双方互动时，浅爱才会变成深爱，只有这样我们才会从中感受到真正的快乐。所以说，爱情中要主动出击。

社交陷阱

去爱比被爱更能产生也更能维系幸福，爱的幸福是主动付出爱之后带来的满足，这种幸福是主动形成的；而被爱带来的幸福是被动激发的，如果刻意追求被爱，则容易导致虚荣和失落，这样的结果往往与幸福的定义相差甚远。

爱别人，内心充满了爱意，那么无论为对方做任何事或因对方受任何挫折，都不会觉得苦，因为心中有爱。倘若付出的爱有回报，那更是意外之喜，幸上加幸，幸福感更胜一筹。这样的幸福感，在被爱的过程中是体味不到的，因为内心不曾付出。

有对情侣相约下班后一起吃饭、逛街，男孩因为公司召开的临时会议延误了，当他冒雨淋湿了一身赶到的时候，足足迟到了一个小时。男孩不停地道歉，而女孩依旧噘着嘴满腹委屈地数落：“可你就是不应该迟到，不应该让我等，你知道我等得多难受、多难堪吗？别人都在开心地吃饭我就只能拼命地喝水，还得应付服务生不停地追问什么时候可以点菜……”“你怎么不先吃呢？”男孩原本想要解释，却忽然变得有点不耐烦。迟到的晚餐，结果不欢而散。

女孩在男孩冒雨前来之后只是不断地向他诉苦，抱怨，而忘记了要关心一身湿透的男孩。女孩一心等待被爱，而不懂得去爱。被动等待的爱情就像是一个“提线木偶”一样，线如果掌握在一个能够疼你爱你的人的手中，那你就是幸福的，否则，再甜美的爱情也会变得索然无味。

方法运用

爱一个人是一件美好而单纯的事情，是一种自发的感情和行为。爱本身是一种付出，在付出的感情中寻求到快乐，感受幸福，而这种幸福感是被动等待的人无法体会的，所以人要学着主动去爱，并享受在此过程中所创造的幸福，这样的爱情才会更加甜蜜。

被爱是一种享受过程。可以享受到爱人给予你的疼爱，不必担心风吹雨打，有人时时刻刻都在为你着想，让你时刻感受到爱人给予你的幸福。这样的幸福来得太容易，而太容易获得的幸福便不觉得珍贵，也体会不到其中的甜蜜。

而主动去爱却恰恰相反。爱是一种主动创造行为，爱的一方可以完全按照自己的意愿去爱，去做任何的事，能让他幸福的事他就可以去做，自然在去爱的过程中，他会享受着自己创造的幸福。

希望对方永久地付出，而自己只被动地接受，这样的感情即使能勉强维持，也不可能永久地保持着新鲜度和热度。

（1）爱情要有自己的主张

天下的父母都希望自己儿女好，不受苦。出于对你的爱护，他们可能会干涉你的爱情，甚至对你的另一半指手画脚，提出诸多的要求。这时你要放平自己的心态，要有自己的主张，不要只一味听取父母的意见。要知道以后的生活是你和他/她一起度过，而不是和父母。所以在爱情中要知道自己的想法，明白自己的心思，自己的爱情要自己做主，这样才能找到属于自己的幸福。

当然这并不是要你完全违背父母的意见，一意孤行地坚持自己的所谓的“爱情”；拥有正确的爱情主张，才是走上幸福的正确道路。

（2）爱不是一味地付出

爱是一种付出，但不是一味地付出。如果你一味单方面地付出，总有一天对方会觉得这些都是你应该做的，当付出和享受成为了一种理所应当，那爱情就会变得毫无意义。

在爱情里每个人都是平等的，我们不能在爱情里失去尊严。爱一个人并不代表要为他付出所有，这样的爱情是不会幸福的，也不是真正的爱情。没有一个人甘心一辈子为对方付出而不求回报，我们也许嘴上都会这样说，但是没有一个人能做到，因为时间久了，谁都会疲倦。

（3）爱不能失去自我

爱情虽然能使人疯狂，也能使人痴迷，但是无论是男人还是女人，爱不能没了个性，更不能失去自我。当你真正爱上一个人的时候，那么对方的缺点也会成为优点，但是“缺点”和“错误”是两个不同的概念。缺点只是生活中的一些小瑕疵，谁都会有，包括一些伟大的人物，只要是不违背人生观的要求，都是可以原谅的。而错误有时候则是违背社会道德的。

爱情不是哀求或屈从，而是志同道合的两厢情愿。爱要建立在平等的基础上，如果不能互相尊重，爱情将难以长久，爱需要相互间的尊重和敬爱。爱人首先要学会爱自己，所以我们在付出的时候要留几分给自己，爱人七分，留下三分爱自己。我们只有爱自己了才会更爱别人，从而获得别人的爱。

3 若即若离，用神秘感抓住对方的心

男女双方有想要相互了解的欲望是爱情的基础和表现，适当的神秘感可以增加好感，神秘感会让对方想要了解你，所以爱情中保持一定的神秘感可以让你更快地抓住对方的心。

我们常常说：距离产生美。但是常常也会有人问："怎么距离有了，美却没了？"这个问题的关键就在于你没有把握好其中的度。就好比捏陶瓷，度拿捏得不好，就会影响整个陶瓷的质量。爱情往往是无形的，一开始我们无法去拿捏，有的时候拿捏不当，就会导致爱情的死亡。真正懂得爱的人，心里往往藏着一个度量，那种度量也是在生活中逐渐拿捏到的。适当的距离感，就是我们说的朦胧感，在这个时候显得再美不过了。

社交陷阱

恋爱中的人往往都有一种非常迫切地想要知道对方所有事情的愿望，这是一种正常现象，但是让对方过早地看透你也会让爱情失去神秘感。对方一旦了解了你的全部事情，对你的兴趣也会随之急速冷却。爱情一旦缺少了新鲜感和神秘感，就很难维持长久。

通常来说，不成功的爱情都有三个阶段：

◆ 恋爱初期，双方都很注重自己的形象，给予对方无微不至的关心，恩爱无限；

◆ 恋爱中期，男方女方自身的缺点已随着时间的推移而暴露无遗，逐渐希望对方尊重自己的意愿；

◆ 恋爱后期，分歧越来越明显，凡事都容易起纷争，相互之间甚至觉得有了陌生感。

当初的恋人最后成为陌生人，原因就在于爱情得不到更新。爱情的更新需要人为的努力。新总是与"陌生"联系在一起，一个熟悉的人或物绝不能说是新的。如果恋爱中的人天天生活在一起，每天重复着一样的生活，久而久之因为缺少神秘感和新鲜感双方都会感觉乏味，难免为一些生活小事发生争吵。同时，两个人慢慢地由熟悉而生厌倦，这样的爱情就会变得脆弱。

方法运用

中国有句古语叫作"穷则变，变则通，通则久"，这不仅适用于改革，也适用于爱情。保持爱情中的神秘感不是一种装神弄鬼的爱情游戏，而是爱情保鲜的必要装束。

一本名为《开放的婚姻》的书中有这样一段话："在婚姻生活里，每个人都需要有一些空间，不只是物理的空间——像有一个小房间，可以把自己关在里头；还有心理的空间，心理的空间可以假想为一个人心理上的小房间。没有这个空间，人不可能成长，如果没有成长，即使感情最好的夫妇最后也会彼此厌倦。"人和人之间都要保持一定的距离。爱情中，保持恰当的距离和适当的神秘感，会让爱情更加持久。

之后的问题就是应该如何保持爱情的神秘感了，来看下面的方法。

（1）说话学会留一半

恋人在约会时，特别是在袒露个人情感方面，切忌一五一十如数家珍地尽情倾诉。如果过于太实诚，禁不住对方的花言巧语，就把自己的事情事无巨细地讲给对方，这就犯了恋爱的大忌。过去的情史不能毫无顾忌地讲出来，对方如果对你的过去了如指掌，不仅会横挑鼻子竖挑眼，而且爱情也会因为丧失神秘感而变得索然无味。聪明的人永远只说七成，留三成让对方揣摩与遐想，留有余韵让对方捉摸不透也是在情场上无往不利的一个重要法宝。

（2）变化才是硬道理

中国有句老话叫"穷则变，变则通，通则久"。爱情中也要有变化。

具体来说，就是恋人在对方面前要学会变化不同的身份，学会以不同的姿态出现在对方面前。比如：有时候是他的妻子，温柔体贴，关怀备至；有时候做他的"女儿"，让他哄，让他疼，给他一个父亲的威严；有时候做他的"妹妹"，要他保护，要他安慰，给他一个大哥哥的豪情；有时候也得做他的"姐姐"，当他身心疲惫时，充满慈爱，轻轻呵护，给他自由的空间，给他独处的快乐；有时候也得做个"情人"，时不时浪漫一番，偶尔性感一回。

这样的变化不仅让双方之间的新鲜感得到维持，也更能为生活增加一份浪漫，从而让彼此的爱情更加持久。

（3）独立是保持神秘感的重要方法

要保持神秘感就必须有自己的独立的性格，独立的空间，独立的人格。当我们把性格、空间、人格都依附在恋人身上时就不要指望会得到更多更好的爱情，因为我们失去了神秘感不说，我们还失去了自我，爱情就没有了原来的味道。

独立的经济是人格独立的前提，特别是对女人来说。这是非常非常重要的。同样的，对于男人，独立则有更大的必要性。独立性是安全感的来源。

（1）距离不是疏远

常常相隔两地的人，他们的爱情往往显得更加浪漫。每到周末，一个人奔袭到另一个的所在地，然后是缠绵。这样的距离省去了生活当中不必要的误会和别扭。这样的爱情是浪漫的，也是很有美感的。所以，距离并不是疏远。有时在一起的一对人，却形同陌路，没有找到两条线的交叉点；但能懂得适当保持距离的人，手牵着手，走在一起，若即若离。这样子的距离更是一种艺术的美。因为他们之间的距离和保持的神秘感足可以充当他们的爱情保鲜剂。

（2）神秘不是虚伪

神秘感的目的是保持对方对自己的好奇心，并不是拉远距离减少互相的沟通。神秘感能激发恋人们的猎奇心理，但前提是本身是有答案的，并不是没有答案的迷茫猜疑。其实神秘感是一种气质，也是一种技巧，是需要拿捏的。两个人在爱情里需要适当的惊喜，需要适当的卖关子和猜想，但之后必须是要有明确的答案，坦诚的沟通，要把该表达的表达出来。如果一味神秘、没有分寸，就会让对方失去信心，这就会显得虚伪了，在失去神秘感的同时，还会引起他人的反感。

（3）变化不是耍小脾气

变化不是一天换三套衣服，也不是随时随地乱发脾气。变化的目的是为了保持彼此之间的新鲜感，但是乱发小脾气则不同。偶尔撒娇，对方还会用包容的心态来哄你，但是时间久了，就会产生疲劳，等到忍无可忍之时，你们的爱情也就走到尽头了。相处中多一些包容，少一些无理取闹，爱情才会更加持久和甜美。

4 做听懂女人弦外之音的贴心男人

女人和男人的思维不同，男人喜欢直截了当，而女人更多的时候喜欢说反话，就像女人说讨厌是掩藏害羞，说离开只是为了被挽留。

女人的反话和与生俱来的羞涩有颇大的关系。女人骨子里都是柔弱的，也都是需要人疼的。而男人想要赢得女人的心需要明白女人的话是真或是假，女人的反话要正着听，才能真正听懂女人心。如果反话反听，那可不仅是惹来麻烦那么简单了。

社交陷阱

恋爱中，女人说出的话有许多都是反话，尤其是在自己心爱的男人面前，女人说反话的频率更高，明明喜欢，偏要说讨厌；明明愿意，偏要说不愿意。而男人们一旦糊涂了，不能听懂女人的弦外之音，听不懂女人的心思，想讨女人的欢心就会变得难上加难。

女人往往喜欢说反话，这可能是与生俱来的一种天性。这种天性是专为女人造的，因为女人都希望被她的男人哄着、疼着、呵护着。

说反话是很多女人掩饰自己、揣摩别人的一种心理反应。与人交往时，女人会通过“反话”来掩饰自己的真实情感，探测别人的想法。比如：有的妻子非常喜欢逛街，她可能会“无奈”地对丈夫说：“本来我不想去逛街的，没啥意思，但她们一定要我去……”如果这时丈夫不识趣地来一句“不想去就别去了，我帮你告诉她”，这种回答往往令妻子心生不快。

两人产生矛盾时，女人要你走，其实是想你不要走；女人如果气得说要和你分手，其实是想让你道个歉，说几句好话。这些话都是不能当真的，这时如果听不懂女人的弦外之音，真的听从女人的反话，那么两人之间的感情就不仅仅是矛盾，而将是彻底灭亡了。

方法运用

女人的话不能不信，但也不能全信。很多时候，女人的话都有潜台词。

男人听懂女人的潜台词，就是明白女人的心思。做一个听懂女人、了解女人的贴心男人，就能在赢得女人心的同时赢得一份完美的爱情。

男人常说“女人心，海底针”，总是觉得女人让人难以捉摸。其实，女人之所以有那么多口是心非的“潜台词”，并非有意要跟男人作对，而是源于内心的不安全感以及对男人强烈的依赖。

男人如果想要拥有甜蜜完美的爱情，就要懂得女人心。男人听女人说话不能仅仅只靠耳朵，而是要用眼睛和心去真正了解清楚女人的意思。

(1) 生气有时只是一种撒娇

在男人看来，女人几乎都十分情绪化，说翻脸就翻脸，常常弄得男人莫名其妙、手忙脚乱。其实女人天大的委屈是：最初的生气常常并不是真的“生气”，那不过是声东击西的撒娇手段之一。而太过实在的男人们，并不知晓女人口是心非的撒娇伎俩，只是以为她说的就是她要的，结果往往弄巧成拙，弄假成真——女人在极度的委屈和失望中真的生起气来并且一发不可收拾。

其实，男人想要判断女人是真气还是假气并不难。男人只要看女人的表情和听女人的语气就可以得出结论。如果女人是“面带娇嗔”或是“语气明快”很多时候就是希望得到你的疼爱。

事实上，女性常用“间接攻击”的方法来应对冲突——她抱怨和指责的背后，隐藏的其实是孩子一样的渴求，渴求你更多的关注和爱护。

(2) 说分手也有真假

当爱情在女人的心中已经真正结束的时候，她全身的每个细胞都会向你传递一个信息：对不起，不要再来纠缠我。她的眼神会有种不含敌意的坚决和坦然，她的身体会尽量跟你保持距离，她总是尽力不再跟你见面，即使见面也心不在焉速战速决。这样说出的“分手”，不仅是真的，更是无可挽回的。

但是，有时候女人口口声声说“分手”，其实不过是想要“敲山震虎”，想要让你对她的感受足够重视而已。这时候的女人，哪怕声嘶力竭，身体语言却一定会告诉你：她其实很无助。

其实女人说出分手要分辨真假很容易。当她表情平静，眼神坚定的时候说分手，这就代表她真的对你失望了，这时你的挽回和认错就会变得没有意义。相反地，如果她情绪激动，眼神飘忽，这就代表她很无助，这时你的呵护和疼爱，就会成为爱情的黏合剂，不仅能抚平她的情绪，更能唤回她的真心。

（3）口是心非的潜台词

女人喜欢用语言来试探男人的心，所以即使心中不是这样想的，口中也要这样说，这就出现了“潜台词”。女人使用潜台词，其实通常是想要获得男人更多主动的关心和宠爱。所以男人要切记：跟你所爱的女人对话，不要听内容，要听感受。听内容，你会陷入事实对错的纠缠陷阱中；听懂她的感受并且积极主动地关心她，你们才可以达成愉快地沟通，享受爱情的甜蜜。

贴心忠告

（1）甜言蜜语是爱情的润滑剂

相爱的两个人增进感情需要逛街，需要约会，需要亲密接触。而在日常的接触中，男人除了物质的付出，更要有语言的付出。爱情中的甜言蜜语，就是两人之间的润滑剂。

女人大多是感性的，她需要你称赞她漂亮，需要你告诉她，她是你的空气。爱情中的女人往往都是小心眼的，疑心重和喜欢对比是女人与生俱来的天性，你言语上对她付出的肯定是让她继续爱你的动力。所以，别小看甜言蜜语的力量，那是行动所无法比拟的。有了甜言蜜语做润滑剂，爱情跑车才会更耐久。

（2）在细节中体现体贴

爱在平凡中往往显得更加珍贵，而真正的爱往往也体现在细节当中。在爱的世界里，不是所有的感动都来自轰轰烈烈，一个简单而又平凡的细节往往更能打动人心。温柔地为她擦去眼角的泪并告诉她：“不哭，一切有我。”细心地在每个天气转凉的时候提醒她：“天气凉了，记得多穿些衣服。”这些小小的细节也许对你来说很微不足道，但是对她来说却更能体现出你的体贴和疼爱。

5 信任，爱情的“试金石”

爱一个人其实很简单——就是用真心去爱，照顾对方，为对方着想，在乎对方的快乐和悲伤。而深爱一个人不但要欣赏对方的优点，更要包容对方的缺点，对对方的过去大度地接受，不在心里耿耿于怀，不做伤害彼此感情的事情，这听起来似乎就没有那么简单了。

在爱情和婚姻中，我们每个人都希望爱人能够对自己忠诚如一，白头偕老，永不变心。然而这只是一种美好的愿望，愿望变成现实需要付出不懈的努力，努力的结果往往并不完全像我们所期望的那样，都是一个圆满的结局。爱情不是单纯的真爱。爱情里，信任与真爱都是不能缺少的，如果它们有其中一个不在你的心中，这份感情也会很快走到尽头。

社交陷阱

“爱情并不是金刚不坏之身，它只是一个最需要有人来呵护的婴儿。而猜疑则是专门谋杀爱情的凶手，当这个凶手潜入你的心灵作祟之后，爱情注定无处逃生。”爱情经不起猜疑。猜疑是爱情的大敌，也是感情破裂的一大隐患。

信任是爱情的基础，失去了信任，感情也会随之岌岌可危。有这样一句话：“见一封信，疑心是情书了；闻一声笑，以为是怀春了；只要男人来访，就是情夫；为什么上公园呢？总是密约。”这都是无端的猜忌，这些猜忌不仅伤害了彼此之间的爱情，有时更是对彼此心灵的伤害。

莎士比亚的名著《奥赛罗》中就叙述了类似的一个悲剧。国王的女儿苔丝德蒙娜冲破家庭和社会的阻力与出身卑贱、肤色黝黑的将军——奥赛罗结了婚。婚后的生活十分美满。然而，奥赛罗部下的一个军官尼亚古出于卑鄙自私的目的，编造谣言，制造陷阱，挑拨他们的夫妻关系，使奥赛罗对忠诚纯洁的妻子产生了猜疑之心，在一个漆黑的夜晚竟用被子将苔丝德蒙娜活活闷死了。后来奥赛罗知道了事情的真相，追悔莫及，自刎于妻子的脚下。

这是一个悲剧，不仅在书中，在现实生活中，甚至就在我们的身边，也有着相同的悲剧发生。所谓“疑来爱则去”，就深刻地揭示了猜疑的危害。一个悲剧结束了，但却给我们留下了深深的思考。

方法运用

爱情需要彼此信任。信任是感情的催化剂，只有对另一半充分信任，你才能充分接纳他，从而更好地了解并理解他的决定。爱的最好证明就是信任，爱他就要信任他，不要捕风捉影，不要疑神疑鬼。记住：信任是爱情最好的试金石。

古往今来，信任与爱情一直是文人墨客争相讨论的话题，有“夏雨雪，天地合，乃敢与君绝”的千古绝唱，更有“两情若是久长时，又岂在朝朝暮暮”的情意绵长。这中间无时不透露着信任在爱情中的分量。信任对于爱情如此重要，那么爱人之间要如何做到彼此信任呢？无须头疼，只要掌握下面的方法你就能做到这点并最终赢得甜美的爱情。

（1）爱需要彼此尊重

真正的爱需要用心彼此贴近，爱人也要懂得尊重人。即使处在爱情中你也要懂得每个人都是自己生命的主人，每个人都有自己活在这个世界上的独特性。

如果爱情里有了一方的蔑视，有了一方的随意指责，那即使再美好的爱情，也没什么值得留恋的。在人的一生里你可以没有什么震撼人心的爱情，但是不能没有自己的尊严。没有爱，最多只是在自己生命里多了一份遗憾，但是在爱里没有了自尊，那是永久的伤害。

所以爱的世界里不仅需要彼此相爱，还要彼此尊重。只有彼此尊重才能增进了解，而彼此了解才能增加信任。

（2）少些抱怨，多些理解

人人都有缺点，我们自己本身也并不完美，那我们又怎能去要求别人一定要完美呢？在生活中，经常听到这样一些声音：“我男朋友特小气，什么都不愿意给我买。”或者：“我女朋友总是耍小脾气，烦死我了”。不要忽略这样小小的抱怨，一旦让对方听到你的抱怨，轻则引起双方的矛盾，重则会危及双方的感情。

如果双方对彼此能多些理解，能够换个思路想问题比如：小气有时就是节俭，耍小脾气有时就是一种撒娇。让对方感受到你的理解，那么自然会赢得对方的信任。

（3）时常站在对方的角度上想问题

很多时候，不信任的产生就是为自己想得太多，怕自己受到伤害，怕对方做出对不起自己的事情等。这样的猜忌最好的解决方法就是多站在对方的角度上替对方多想想。

其实事情有时候很简单。他回来晚了并且不接你的电话，很可能只是因为加班而手机却没电了；她打电话的时候想方设法避开你，很可能只是因为她和闺中密友聊的是女孩子之间的私密话题。

相爱的人在一起相处，多替对方想，这样不仅可以避免你对对方的猜忌，而且还能赢得对方的信赖。

不要盘问太多，也不要猜测太多，如果真爱，就爱得自然、爱得坦荡。否则，天天猜疑的爱情实在太累，不如趁早放手。要记得爱情的牢固，有时候仅仅是——因为信任。

贴心忠告

（1）不能时刻约束对方

因为彼此相爱或重视，有些人总是过多地限制对方的行为。要知道有时约束会加速爱情的解体，因为约束也是一种不信任。

古人云："人之相知，贵在知心。"其实把配偶看作自己的私有财产，干涉对方的社交活动和限制对方的行动是十分愚蠢的举动。所谓"物极必反"，你管得太死，就会使对方产生逆反心理，对方不仅不认为这是爱的表现，反而觉得你太多疑，对自己不信任。你整日疑神疑鬼，对方整日提防你，这样的爱会累死人，而爱情也会因为缺少氧气而窒息。

爱是彼此知心，而不是相互约束。面对爱情，其实最好的管住对方的方法就是不管，真心付出，彼此关心，这样才能真正抓住对方的心，赢得甜蜜的爱情。

（2）真诚是信任的前提

爱情建立在信任的基础之上，信任的前提就是真诚。如果信任失去了真诚，那么信任就成了空中楼阁。爱情不要失去真诚，失去真诚的爱情是一种伤害。

爱人之间不能缺乏真诚和信任。无端的隐瞒与猜忌只会伤害对方，使关系恶化，感情破裂。真诚和信任是夫妻间幸福美满的桥梁，感情因它而升华，爱情因它而更加牢固。

6 用温柔敲开爱人的心

爱情中的每个女人都想赢得爱人的心，但是，想要真正走进爱人的心中需要的是智慧而不是蛮力，这是对女人情商的一个考验。

女人可以不潇洒、不聪慧、不干练、不可爱、不妩媚，但有一点绝不能少，那就是必须温柔。温柔是多数男人所缺少的特质，但这却是女人作为母亲和妻子不可缺少的一种基本的资质和品性。

温柔是女人的一种特殊魅力，温柔的女人更容易博得男人的钟情和喜爱。这样的女人像是绵绵细雨，给男人一种温暖柔美的感觉。所以，做女人想要抓住爱人的心，温柔就是最好的武器。

社交陷阱

《我的野蛮女友》只是影视上的艺术，不要看过之后只记得野蛮，却忘记了女友二字。现实中娇蛮任性，撒起娇来蛮不讲理，不会照顾男人，却要求男人时刻关心自己的女人，会成为男人的负担，这样的包袱男人恐怕躲避还来不及，又怎么会为她付出真心呢？

受媒体的影响，一些温柔女性在看了《我的野蛮女友》之后，就改变了以前的温柔路线，以野蛮为荣，这就引来了男人们的叫苦连天。其实不管时代如何变迁，男人们从骨子里也都是喜欢温柔可人的女人。而女人不分场合的暴力、粗鲁，不仅不能赢得男人的青睐，还会失去男人的真心。

随着时代的进步，女人们喜欢用粗鲁的方式对待自己的另一半，以表达自己的领导地位。花拳绣腿虽然不是真正的暴力，痛不了身，但却伤了男人的自尊心。王晓雪就是这样的一个野蛮老婆。

王晓雪和老公王哲是一对新婚夫妻。老公王哲脾气非常好，对王晓雪也十分疼爱。王晓雪由于性格任性又抱有“打丈夫，是爱，是时髦，更是婚姻内的一种‘有氧体操’”的观念。所以经常对王哲施加暴力，而王哲开始时因为对妻子的疼爱所以打不还手，骂不还口，微微一笑，照单全收。但是随着时间的推移，王哲对王晓雪这种行为越来越没法忍受。自己在外面辛苦工作了一天，回到家里不仅不能享受到妻子的关心与温柔，还要时时看她的脸色，哄着她，这让王哲疲惫不堪。

终于，王哲实在无法忍受，于是矛盾爆发。原因是王晓雪居然当着朋友的面打他的屁股，这令王哲非常难堪并耿耿于怀。从那次开始王哲开始觉得老婆的一举一动都不顺眼，最后两人矛盾升级，走上了离婚的道路。

男人是都是好面子的，伤及男人的面子就是伤及对方的自尊。而男人最无法忍受的就是自尊受到伤害。王晓雪的行为就是伤及了王哲的自尊，这让原本脾气很好的王哲也不能继续忍受，最后王晓雪的野蛮不仅没能赢得老公的心，还葬送了自己原本应该美满的婚姻。

方法运用

温柔的女人能把心底里深藏的浪漫情愫变成明媚的阳光，把男人融化掉。而当男人被女人这种温柔彻底消融时，你就真正走进了男人的内心。让男人爱上你的也许是个性，而让男人把心交给你的，却是你的温柔。

“温柔”应该是女人的代名词，也是女人区别于男人的个性特征。天生温柔当然值得珍惜，但后天修炼同样也能让女人变得非常温柔。作为女人，只要你能调整心态，完善性格，改变脾气，掌握技巧，运用方法，积极表现，完全可以做个女人味十足的温柔女人。

（1）通情达理的女人最温柔

通情达理就是说话、做事要讲道理。作为女人要懂得谦让，要对自己的另一半体贴，多替对方着想，而且绝不能让他在外人面前难堪。在公共场所或人多的地方，你不妨“听话些，乖一点”，这是对自己男人最好的恭维。用温柔把男人的“面子”“里子”都给足，用似水的柔情把男人的心俘虏才是赢得爱情的上上策。

（2）同情心为你的温柔加分

一个富有同情心的女人在面对自己的另一半时能够体谅出男人的苦和

累。这种体谅能让你将温柔从骨子里流露出来。这样的温柔让男人感受到的是总有一种看不见的感觉在他身边柔柔地包围着他，给他一种爱的温暖，这种爱包含着宽容、理解和给予。试问，这样的温柔如何能让男人不动心呢？

（3）善良是温柔的基础

一个善良的女人往往可以宽容男人的错误。当男人言行举止做得不太得体，对女人有所冒犯时，或是女人遭到男人误会时，如果女人能够大方地原谅男人，宽容男人，如此的温柔对男人是一种不能抵挡的诱惑。

（4）细节之中尽显温柔

在感情世界中，真正让男人感动的不是一个女人做出了多么惊人的业绩，而是女人那些适时的细心关怀和体贴。轻声细语的问候，情深意切的关心，细心周到的照料……这些细小的地方都能让男人感受到你的温柔和体贴。细节之中的温柔，让男人时时感受到你的贴心，这对男人来说是一种吸引，更是一种致命武器。

（5）柔和的性格让你以柔克刚

女人性格要柔和，绝对不能遇到事情不顺就暴跳如雷或火冒三丈。首先，女人要了解男人都是大男子主义的动物，只是表现得多少的问题而已，要懂得以退为进的道理。男人往往是逞一时英雄，不必为他的只言片语大动肝火，要知道退一步海阔天空。当男人犯错时温柔迂回地引导他自己去发现错误，他才口服心服，才能达到以柔克刚的目的。

贴心忠告

（1）温柔要自然流露

温柔不是娇滴滴、嗲声嗲气。嗲声嗲气的假惺惺是故作姿态。温柔是真性情，是骨子里生长出来的本能的东西。温柔里面包含着深刻的东西，不是生硬地表演出来的，而是生命本体的一种自然散发。自然流露出来的温柔是无处不在的，言语、动作、甚至是眼神，都能体现出无尽的温柔，这种温柔才是男人无法抗拒的。

（2）不要让温柔束缚了你

女人温柔全无，不行；但一味地温柔，也不可取，温柔也是有度的。

回到家中女人能递上一杯热茶，给他一声问候，在这个时候，温柔的定义仅仅限于一句微笑的话语“今天辛苦啦”以及一个甜蜜的拥抱。但是如果试图将温柔进行到底，对疲惫的男人没完没了地软言细语，如此温柔的结果，只会让男人觉得更累。而且如果女人只知道一味地想着男人，想着如果对男人温柔，也会束缚自己的生活，累人累己，这样的温柔对双方来说都会成为一种负担。

（3）温柔不是软弱

女人，你可以温柔，你可以选择听男人的话，但你绝不可以软弱，没有主见。女人的温柔不是软弱，不是言听计从，更不是事事委屈自己。

女人可以对男人好，可以温柔，可以听他的，但是，前提是你这么做是因为你爱他，而不是软弱。温柔是抓住男人心的法宝，但软弱则是女人必须要克服的缺点。

7 用责任疗愈女人的伤疤

有责任感的男人，可以给家庭带来安全感；而缺少责任感的男人，只能给家庭带来麻烦与不幸。有钱的男人固然好，但是，如果有钱没责任，那钱绝不会给家庭带来幸福。相反地，有责任感的男人暂时没钱，那么这种责任感也会改变家庭的命运。

男人没有理由拒绝责任心，失去责任心的男人，同时会失去晴朗的天空，甚至多彩的世界。男人要有责任心，无论是在工作还是生活上。有责任心的男人才能让人有安全感，才能让人觉得你是一个值得信赖的人。所以男人可以不成功，但是不可以没有责任感。

社交陷阱

也许女人选择心中的另一半时，先看到的是男人的长相或财富，但是女人决定和男人在一起的最主要因素还是男人有责任感。一个没有责任感的男人对女人来说就缺乏安全感。让女人感觉不安全的男人，不能使家庭得到保障，自然也不会赢得女人的信赖。

有责任心的男人是成熟、稳健、值得依赖的。男人可以不富有，但必须善良体贴，敢于面对任何变故，对世事的把握有自己的分寸；他可以不浪漫，但会在心爱的人哭泣时拥她入怀；他可以不强壮，但绝对知道男人该担当的责任。古今中外，身为男人，大多都承担着养家糊口的责任，如果一个男人对拥有的爱情没有责任感，这份爱情基本上就不存在了，即使形式上存在，实质上也早就消亡了。

一个女孩就遭遇了一个这样的男孩。两人在网络中认识，开始时男孩一味地诉说自己悲惨的处境，一再表明他想做一番伟业，但是因为没有资金很是苦恼。女孩很理解，很同情他。后来两人约会见面，女孩发现男孩不仅长得帅气，而且确实有一股勇气，女孩认为男孩将来势必出人头地。之后女孩爱上了男孩并开始对他付出。男孩子想成立自己的公司，但是苦于没有资金，女孩出于爱答应帮助他。再然后只要是男孩需要的东西，女孩就通过网络买了送给男孩，而男孩接受得心安理得，并从来不关心女孩的经济情况是否允许。女孩虽然对男孩的做法不满，但是出于爱，也还是继续帮助着男孩。

最后，男孩的公司需要几万元的启动资金，女孩不惜借款为他准备好。但当女孩走到银行门口即将汇款时却犹豫了，于是女孩转身回到家中。上网时，女孩试探着问男孩，如果不借给他钱会有什么后果，没想到男孩却十分牛气地说："你没能力为什么答应我支持我？既然答应了，你为什么不能做到？"他竟然把所有的责任都推给女孩！这时的女孩才意识到，原来男孩一直在骗自己。之后女孩虽然断绝了男孩的联系，但是之前的付出和损失已经再也找不回来了。

这样没有责任感的男孩，就算是真的能够拥有自己的公司，也不会有所作为。当他只是一味地向女孩索取，而没有想到如何承担起自己应该照顾、关心女孩的责任时，他得到的注定是失败的结局。没有责任感的男人不仅不能而且也不应该得到女人的真心和无私的付出。这也是女人们应该擦亮眼睛看清的事实。

方法运用

在爱情的世界里，男人是一棵在大风大雨中不倒的大树，要为女人挡风遮雨；男人是一座房子的大梁，是女人心中的主心骨；男人的肩膀要承担女人的伤痛；男人的胸膛要成为女人安全的港湾。这样的男人才是真正的男人，也才是女人需要的男人。

好男人必须要有责任感，遇事敢于拍着胸脯为身边所有的人担当他应该担当的一切。在女人受伤时，男人只要承担起该负的责任，那么女人就会得到安慰，使伤口得到愈合。女人为男人付出是因为爱，而男人回报给女人的不能仅仅是爱，还应该有应该承担的责任。

一般来说男人的责任主要体现在以下几个方面。

（1）孝顺父母是美德

一个有责任感的男人一定了解并理解自己父母辛苦，并且知道要通过自己的努力孝敬父母。一个可以为父母牺牲、付出的男人是最值得信赖的。

在现代社会一些"男人"挥霍着父母的血汗来取悦女友，来赢得工作，然后又埋怨父母的种种不是。这样的男人，怎么能算是男人？记住，真正的男子汉会通过自己勤劳的双手打造一片天地，会通过自己坚实的双腿踏平宽阔大道，会通过自己的努力做出成绩回报家人。如果连自己的父母都不疼爱，那对自己的爱人也不可能有真情。

（2）敢于承认自己的错误

有责任感的男人，一定是敢于承认自己的错误并敢于在跌倒处爬起、从头再来的男人。如果将自己所有错误都归罪于没有机会、运气不佳或遇到恶人等外部因素，而不是从内反省自己的错误，寻找自己的原因，那这个男人一定是没有责任感的。

一个不敢承认自己错误的男人，在以后的相处过程中，一旦两人发现矛盾，那么男人首先想到的不是承担责任而是推卸责任，那两人的生活又有什么幸福可言？

（3）责任更是一种行动

有责任感的男人，会将责任付诸行动。在该承担责任时，他们并不是高喊着：我要承担责任，而是实实在在地用行动去承担自己的责任。当女人受委屈时，他们一定会挺身而出为女人打抱不平；当女人受到伤害时，他们一定会第一时间赶到现场，对女人细心呵护。负责任的男人不是仅仅会说，而是更多地将责任化成一种行动，这样的男人才是让女人放心的男人，也才是女人可以托付一生的好男人。

贴心忠告

（1）正确客观认识自己

有责任感的男人不会因为自己的能力强而自傲，也不会因为能力弱就自卑。一个有责任感的男人要做到正确认识自己的能力和现状。在认识自己的基础上才能知道什么该做，什么不该做，并且合理应用自己的长处，规避自己的短处，这是一个男人有担当、有责任的表现。

（2）对自己负责

男人要有责任感，不仅表现在对别人负责，更要体现在对自己要有责任感。这一点可能有人会觉得不可思议，但其实道理很简单。

我们做事努力不努力只有自己知道，别人很难进行评定。对自己有责任感，就要尽自己的努力，不浪费生命，不随波逐流，不做违背良心的事情，活得自在，活得充实，活得有意义。

对自己负责任，其实也是对家庭、对社会负责任。这是一个最高的层次，是需要战胜自我才能达到的一种境界。作为常人，我们不必提太高的要求，但作为努力的方向，是应该提出来的。

8　爱情不是网，要给对方自由的空间

人们可能都有这样的经历：手里的水杯盛满了水，于是我们提醒自己要小心，不要让水洒出来，但是越是提醒自己，越是小心翼翼，水就越会洒出来。爱情有时也是这样，越是重视，越是想要抓紧，结果却偏偏总是事与愿违。

有这样一句话："婚姻是一个金色的鸟笼，外面的人想进去，里面的人想出来。"这句话表明了爱情的矛盾。对很多人来说爱情是一种束缚，原因在于没有自由呼吸的空间，所以导致爱情之花因缺少养分而逐渐褪色并最终枯萎。

人们总以为相爱的两个人就应该是一体，要求对方对自己绝对透明，一切行为，甚至包括思想都不允许对对方有丝毫的隐瞒。但是要知道物极必反。有时抓得太紧，往往爱情会如沙一般从手中溜走。

当爱已不是维系两个人的纽带，而成为一人捆绑另一人的绳索的时候，爱就成了一种伤害。抓得太紧往往是给对方戴上了枷锁，失去自由的爱，不会有快乐的存在。当爱成为一种负担的时候，要用很多的精力才能承载，而人的精力往往都是有限的。

当真正愿意爱一个人，你会对他很好，想要一直跟他在一起，一辈子霸住他，每天想看到他，听到他声音，知道他在做什么……也许开始两人会觉得很甜蜜，但是时间长了就会觉得厌烦，觉得对方管自己太多，有太多的束缚并感觉自己没了自由。当爱失去了本来的味道，那就会成为一种负担。所以如果你爱他，请给他自由。否则当爱情这根皮筋扯得太紧时，到最后只能是一拍两散。

小荷与小风是在网上认识的，两人虽然身处异地，但是经过一段时间的网上交流，双方都觉得对方就是自己想要找的那个人。于是小荷放弃了自己在本市一份相对稳定的工作，只身来到小风的城市。开始两人相处融洽也十分相爱，但随着时间的推移，因为小荷在本地既没有亲人也没有朋友，所以对小风愈加依赖。

开始的小风温柔体贴，对小荷百般体谅，软言细语。而小荷对小风的依赖在这种孤寂中却慢慢地变成了猜忌，只要小风没在她的身边，她就会打电话询问小风的去向，又或者是因为小风手机中出现一个她不认识的号码而对小风百般拷问。时间久了，温润的小风在面对朋友善意的玩笑和失去自由的无奈中终于爆发了。于是两人整日在争吵中度过，几个月后两人不堪重负，最终小荷的离开成为了这场悲剧的结局。

这场悲剧是谁的错呢？小荷为了爱放弃了稳定的工作，只身来到一个完全陌生的城市，而小风对小荷的包容也可见一斑。其实，最终酿成这种悲剧的原因就在于：没有氧气的爱情会令人窒息。每个人都有自己的精神世界和私人空间，并不是说他工作之外的时间就全部属于你，他还有他的朋友、他的父母、他的娱乐、他的爱好。如果抓得太紧，爱情就会像是手中的流沙一样悄然溜走。所以，爱他就给他自由，养分充足的爱情之花才会开得更加娇艳。

束缚和缠绕，占有和苛求，只会加速爱情的死亡。感情只会在若即若离，不温不火中永葆活力。爱情之花在宽松的环境里，才能开出温馨而美丽的花朵。这样的爱情才是人们最好的归宿。

在爱情的世界里，每对恋人都要遵循一条重要的爱情守则：给对方自己的空间。适宜的距离才不会出现视觉疲劳，相看两相厌。爱人之间要亲密“有间”，在保持各自个性的同时也为自己保留各自心中的一块自由的绿洲。这样的爱情才能更加持久，更加稳固。

有“距离产生美”这样一句话，但是立刻就有人出来反驳：“距离是有了，但美却没了。”这两句话也很形象地说明两人之间的距离是有度的。同样地，双方所需要的自由也是有度的，要怎么样做到给对方自由，但又不让双方疏远呢？只要掌握其中的技巧和方法，相信不难做到。

（1）相信自己

自信，不论在何时何地，遇到什么情况，都是十分重要的，在爱情中其实也同样需要自信。所谓“情人眼里出西施”，当两人真正进入恋爱状态时，对方在自己眼中都是完美的。不要怀疑，要相信你在对方眼里就是那个最美的！

另一方面真正爱你的人也一定会给你自信。有时恋爱中的自信是对方给你的。只要他真的爱你，就会发自内心的欣赏你。人们常说：“恋爱中的人都是神采奕奕的。”相信自己，也就是信任对方，这样的心理对双方保持距离起到了良好的促进作用。

（2）有自己独立的工作或生活空间

即使拥有爱情，也要有自己独立的工作或生活空间。让自己忙碌起来，就不会有时间去纠结对方是不是做了什么对不起你的事情，又或是对方是不是不够爱你。当自己的生活有了依靠，自己有能力照顾好自己，那么爱情就不会成为生活中的唯一。这样分散自己的精力，就可以免去双方在生活中的摩擦，在双方拥有爱情的同时，也能享受到自由的气息。

（3）不要经常打电话询问对方的去向

即使在热恋中也不能试图时时掌控对方的去向，更不能经常打电话询问对方的去向。这样的行为在初期可能被认定为一种关心，但是久了，就会让对方产生“你不信任我”的感觉。双方的信任感一旦倒塌，那就会因猜忌而闹到双方疲惫不堪。成为负担的爱情，不会走得太远。

（4）不能过于频繁地联系对方

相爱时双方由于渴望更多地了解对方，所以经常会频繁地彼此联系，有时甚至想要时时黏在一起。其实这样的相处方式并不能让彼此间的感情更加浓厚，有时往往还会给彼此带来困扰。由于过多的接触会使双方眼中的爱恋慢慢淡化，当对方可以以一个清醒的头脑来客观审视你的时候，那你的缺点和小毛病也就随之暴露出来。如果此时双方的感情还没有到达很稳定的状态，那么小缺点也能引发双方的争吵。争吵中爱情又能持续多久呢?

（1）关心他的生活

不经常打电话询问对方的去向，拥有自己独立的工作或生活空间，并不是让你对对方漠不关心。毕竟处在爱情中的两个人对彼此都有责任和义务，而且两人之间的关系也是在日常的点滴中积累起来的。

在日常的生活中，你不能随时追问对方的去向，但是要关心对方的生活。打电话时，你要尽量把那些询问的语句，换上一些体贴、担心的话，这样的效果要比“句句考问”的效果强很多。

（2）在他困难时陪在他的身边

在他困难或是遭受痛苦时你要陪在他的身边。这时自由已经不是他想要的了，他最想要的是你的陪伴和安慰。自由，也是要看时间和处境的，当他正和朋友喝酒时，给他充分的自由能让他的情绪得到很好的释放。而在他困难时，自由对他来说就会成为孤单。所以，爱人之间的自由不是随时随地的，有时两个人默默地相伴，更能展现出爱情的珍贵。

第九章

该出手时就出手

——与对手交锋的心理学原则

1 适当隐藏实力，让对手猝不及防

如果你想打败一个劲敌，你会怎么做？公然向其挑衅？当然这样也可以，如果你有百分之百的把握能够取得胜利。但是如果对手的水平与你旗鼓相当甚至高于你，那么你这种做法还算得上是明智之举吗？

仔细想想看，我们是不是都有这样的经历：

如果知道对手很强大，我们就会非常重视，全力以赴地去准备，不但想方设法提高自己的水平，还潜心研究，分析对手的劣势并制订详细的方案；如果对手相对较弱，我们就会先从心理上放松警惕，虽然也会去准备，但更多的却是漫不经心。结果，那些看起来难以取胜的竞争中，我们却赢得了胜利；而在那些看起来稳操胜券的竞争中却容易因为大意而输得一塌糊涂。

社交陷阱

人们都有这样一种心理：对比自己强大或者势均力敌的对手怀有警惕心理，而对比自己弱小的对手则会放松警惕。如果我们能适当隐藏自己的实力，让对手放松警惕，也不失为一种取胜策略。

在与竞争对手正面交锋之前，我们尽量不要让对手知道自己的虚实，有意隐藏自己的实力。如果我们拥有有利条件，也不要大肆宣扬，暗中的较量能让对手防不胜防。

20世纪20年代是美国汽车工业全面起飞的时期，各大汽车公司纷纷推出色彩鲜艳的新型汽车，以满足消费者的不同需求，因而销量大增。但是福特汽车却始终“穿”着黑衫，显得严肃呆板，而且销量一降再降。

然而，就在这种情况下，无论是对各地要求福特供应花色汽车的代理商还是对公司内的建议者，福特总是坚决顶回去：“福特车只有黑色的，我看不出黑色有什么不好，至少比其他颜色耐久些。”

生产逐渐艰难了。福特开始裁员，部分设备停工，甚至将夜班调成白班以节省电灯费。公司内外人心浮动，连福特夫人也沉不住气了。

福特却笑着说：“这是我的袖里乾坤，先不告诉你，等想好了再去说。”他夫人担心公司里牢骚太多，人心思走。因而她一面向公司员工做解释工作，说公司肯定会想办法，大家不要气馁心急，一面劝说福特先生，试图让福特尽早决策。福特了解夫人的担忧，信心十足地说 :“我们公司待遇高于任何企业，他们不会生异心，同时他们知道我是一个有分寸的人，相信我不跟风生产浅色车，一定是另有办法。”

有人建议说，至少我们应该有新车在市面上销售，不至于让人说我们快倒闭了呀。福特诡异地一笑 :“让他们去说吧，谣言越多对我们越有利！”人们感到很奇怪，问福特是不是正在设计新车，是不是跟别人一样，会有各种颜色的车子推出。

福特回答说，“不是正在设计，是已经定型了！也不是跟别人一样，而是我们自己的设计，而且我们的新车比别人的都便宜！”这是福特一生中最得意的杰作之一——购买废船拆卸后炼钢，从而大大降低了钢铁成本，为即将上市的A型汽车奠定胜利基础。福特经过一番调研和核算后，终于做出了最后的决策。

1927年5月，福特突然宣布生产T型车工厂全部停工，这是公司成立24年来第一次停止新车出厂。

消息一出，举世震惊，猜测不断。除了几个主管领导外，谁也摸不清福特打的是什么算盘。但让人奇怪的是，工厂停工之后工人并没有被解雇，每天仍然上下班。这一决策引起新闻界极大的兴趣，报上经常刊登出有关福特的新闻，这也助长了人们的好奇心。

福特在关键时刻，故意卖关子，引而不发，让别人猜不出他葫芦里究竟卖的什么药。这无非是要引起更多人的关注，吊起更多人的胃口。

两个月后，福特终于透露，新的A型汽车将于12月面市。这比宣布工厂停工引起的震动更大。色彩华丽、典雅轻便且价格低廉的福特A型车终于在人们的翘首期待中不断上市，果然盛况空前，促成福特公司第二次起飞辉煌。

福特公司由于T型车的开发，早已确定了它在美国汽车工业中的地位。这次面对各公司以色彩、外形为武器发起挑战，福特并没有直接应战，而是养精蓄锐，扬长避短，抓住质量、价格这两个关键点充分准备，一旦成熟，就成为竞争中最大的赢家。

福特在面对整个汽车行业的竞争时，没有盲目追风，而是先隐藏了自己的实力，拥有了十足的把握之后才主动出击，一举又成为汽车行业的领头羊。

方法运用

面对强大的竞争对手，为了减少不必要的损失，我们应该退避三舍、故意拖延、隐藏实力，制造假象与对手拖延，一旦时机成熟，就要转守为攻，挫败对手。

（1）巧放“烟幕弹”

在与对手交锋的时候，我们应该尽量不在言谈中流露出自己的真实想法。如果一个人不能在必要的时候隐藏自己的想法，那么他不可能在竞争中占据有利地位，因为你的一句话、一个动作可能就会出卖你。只有一个能控制自己情感的人，才会有可能在竞争中占据优势。在与对手沟通时，不失时机地放一个“烟幕弹”，既能迷惑了对手，也能为自己争取更多的时间。

（2）保守自己的秘密

要想在竞争中取得胜利，就要学会保守自己的秘密。但是保守秘密却是一件非常难做到的事，因为人们通常觉得泄露秘密非常有趣，因为在泄露秘密的同时他们得到一种满足感。但是如果你在竞争中向对手泄露自己的秘密，那么结果可想而知，对手一定会在最短的时间内找到打败你的策略，让你没有反攻的机会。

2 心胸宽广，再多刁难也变得不起眼

有竞争就有输赢，而有的人为赢得胜利，常常刻意刁难自己的对手。如果竞争双方都利用这种不磊落的手段去争取竞争的胜利，那么就会导致恶性竞争的发生。

面对对手的刻意刁难，你不能以其人之道还治其人之身，否则，你就与对手一样，成为一个不磊落的竞争者。只要我们的心胸能宽广一点，再多的刁难也能迎刃而解。

竞争对手的刻意刁难并不可怕，可怕的是我们失去面对刁难的勇气，一味沉默或者以牙还牙都不是明智的选择。如果你选对了化解对手刻意刁难的方法，对手的刁难反而会为你增光添彩。

2006年5月，哈佛大学研究生院学生会主席竞选进入白热化阶段，中国女孩朱成成为备受关注的一匹黑马。朱成有三个主要竞争对手，分别是哈恩、吉米和隆德里格斯。

竞争异常激烈，大家纷纷曝出对方的丑闻。这时，隆德里格斯曝出朱成的丑闻，说她以救助南非孤儿为名，侵吞了大量捐款，而那个孤儿却依然流浪街头。

这个谣言让朱成受到了很多选民的质疑。朱成及时在学校召开新闻发布会，把那个四岁的南非女孩抱到了学校，并且出具了她生活得非常幸福的证明，以澄清谣言。哈里和吉米克趁大家怀疑隆德里格斯的时候，又曝光了隆德里格斯在一家华人超市里被警察询问的录像。说他因为偷窃而被人抓住，有这种行为和污点的人，哈佛怎么能够容忍他成为学生会主席？

2006年5月11日，4个竞选者一起召开了新闻发布会。朱成走上台，首先介绍了隆德里格斯在超市行窃的事。说自己认识那家华人超市的老板，到那家超市去过，问明了整个事情的经过。事实上，隆德里格斯并不是因为行窃，他是因为帮助老板抓到了小偷而被警察询问情况的。瞬时，整个发布会现场哗然，隆德里格斯不可思议地抬头看了看朱成。

在最后投票前的15分钟，隆德里格斯宣布了自己退出的消息，并且号召自己的支持者把票投给朱成。他说，他无法做到朱成的真诚与宽容，他已经输了……

这样，朱成就成了哈佛第一任华人学生会主席。那些投票给她的学生们说，他们相信只有内心真正强大的人，才会追求公平和公正。这话说得多好！

面对对手的刻意刁难，我们首先要做的就是澄清自己，让那些子虚乌有的刁难没有立足之地，然后要宽容对手。这样一来，你不仅让竞争对手输得心服口服，也会赢得他人的钦佩。

贴心忠告

宽容自己的对手，并不是要你一味地妥协。当自己的利益受到损害的时候，我们一定要进行捍卫。那么，怎样的宽容才能既捍卫了自己的利益，又能让对手意识到自己的错误?

（1）向大家展示最优秀的一面

如果你没有过硬的硬件，那么在竞争中只有依靠自己的软件。我们以应聘工作为例，如果你要击败对手的刁难，你要问问自己：是否具有良好的共情能力?是否具有团队精神?是否具有胜任此项工作的专业技能?除此之外，你还有什么特殊的技能?如果你拥有的技能是对手所没有的，那么即使对手刻意刁难，你也能轻松取胜。

下面给大家几个提升自己的小建议：

◆ 利用业余时间去学习外语、财会、管理等知识，这些知识你可能暂时用不到，但是一旦用到就会显示出你的与众不同。

◆ 学学摄影、舞蹈或者画画，在一些活动中展示你的特长，让人们知道原来那个一向敬业的你也是活泼大方、多才多艺。

◆ 学习一些能提高个人修养和品位的东西，比如插画、茶道、陶艺等等，哪怕你只是知道一些理论上的东西，都会令人们对你刮目相看。

（2）不与对手发生正面冲突

很多时候我们会将自己的竞争对手看作死敌，一旦对手刻意刁难便会以牙还牙，以眼还眼。但是这种做法不会帮助我们成为最后的赢家。

不论在什么情况下与自己的竞争对手发生正面冲突都是最愚蠢的做法。对手的刁难可能会激怒你，但是如果你以其人之道还治其人之身，很可能引火上身而得不偿失。因为在这场没有硝烟的战场上，双方都自认为实力相当、难分伯仲。但是如果你与对手发生正面冲突，就会使自己竭力保持的正面形象大打折扣，给自己造成负面影响。

3 懂得示弱，更易得到他人帮助

懂得示弱，是一种人生智慧。如果我们坐下来认真想想，人在很多时候都是要懂得示弱，学会弯腰的。当人们在示弱的时候，更容易得到他人的谅解，也更容易得到他人的帮助。虽说示弱更容易得到他人的帮助，但是要学会恰到好处的示弱，还真不是一件容易的事。

所谓的示弱就是要学会忍让。每个人都喜欢有火就发，有不满就说，可是在现实生活中，我们往往会因为大局而不得不做出一些让步和牺牲。虽然示弱并不能解决所有的问题，但是懂得示弱却是必要的。人们要想在现代社会里游刃有余，就要随时让自己保持最佳的弹性，就要在适当的场合学会示弱。

社交陷阱

有些人不懂得示弱，无论什么事都要与他人一争高下，从而搞得自己筋疲力尽、压力过大，不但会影响自己的身体健康，还会影响自己的人际关系。

我们在与人竞争的过程中，有时候硬碰硬未必会取得良好的效果。在适当的时候采取示弱的办法，会为我们创造一个良好的人际关系环境。

安宁是某银行的客服部职员，聪明、能干、自信。银行里比她早来一两年的同事似乎有着很强的优越感，经常在她面前颐指气使。安宁在心里暗下决心，要以成绩说话，她相信自己只要做出成绩，就一定会得到客户总监的赏识。

同办公室还有刚来不久的王丽，她总是遇到很多问题。其他人都是各忙各的，只有安宁，每当王丽遇到问题的时候都会伸出援手。

因为勤奋，也因为乐于助人，渐渐地安宁的美名开始传扬。几乎整个银行都知道客服部有个安宁，虽然新来不久，但是却很能干。

因为自己确实做出了一定的成绩，因此安宁对每年例行的人事调整充满了信心，一直在等待上司亲口告诉她被提拔的好消息。但是结果却让王宁非常意外，王丽荣升客户助理而自己却是原地踏步。

百思不得其解的安宁向自己的好友发牢骚。好友在听完她的叙述之后说了这样一番话："因为你太强了，所以大家都觉得你不需要晋升。谁知道你晋升之后会怎么样呢？而王丽就不一样了，她可爱、娇弱，人人都愿意帮助她。还有一点就是提升王丽这样的人，至少不会妨碍自己的位置。"好友的一番话让安宁恍然大悟。

此后，安宁开始有意识地改变自己：改变了自己从不求人的做法，在工作上遇到困难就会向同事请教；改变自己独来独往的习惯，主动与同事们接触，并且有意暴露自己的小缺点，让同事们看到自己的另外一面。没过多久，安宁的人际关系有了很大的改善。两年之后，安宁顺利地被提升为客户主任。

人们在面对比自己强的人时，往往心存戒备。如果你总是强调自己的优势，无异于是在给自己树敌，很容易引起对方的敌意。如果你能放低姿态，懂得示弱，就能消除对方的敌意，甚至可以得到对方的认同和支持。

方法运用

适当的示弱是一个非常有效的人际交往法则。一个懂得示弱的人，不管他有多么优秀，都不会让人感觉到威胁，也不会引起他人的敌意，反而会赢得更多的赞美与帮助。

贴心忠告

示弱，是维持生存的需要。我们都知道，在自然进化的过程中，越是善于示弱的动物，越能有效地保护自己。比如乌龟在遇到强敌的时候不是与之争斗，而是将自己柔弱的四肢、头尾缩到硬硬的龟壳内以自保。自然界尚且如此，人也不例外。适当的示弱是一种障眼法，是保护自己的一种方式。我们在向他人示弱的时候，应该注意哪些方面呢？

（1）承认自己的无知，虚心求教

很多人在进入一个新的环境之后，往往急于显示自己的能力。但是这种锋芒毕露的做法会使自己陷入被动。为了避免给他人留下处处争先的印象，你最好要适当收敛自己的锋芒，脚踏实地、一步步前进。当我们进入到一个全新的环境之后，肯定会接触到一些没有接触的或者不精通的事务，这时你就应该首先承认自己的无知，不懂的地方就要向同事和前辈请教。你这样做不但不会给别人留下蠢笨的形象，反而会增加自己的信任感，让人更愿意接受你。

（2）有时也需难得糊涂

“难得糊涂”，简单的四个字就道出了人生的大智慧、大哲学。在竞争中，你也不妨难得糊涂一次。当你遇到喜欢吹毛求疵、指手画脚的对手，最好的办法就是装糊涂，在他还没有挑明话题之前，先下手为强，装作自己不懂向他请教或者转移话题，这样以退为进，相信他就不会为难你了。

有时对手会编造一些流言蜚语来打击你，这些无中生有的话会让人感到无尽的压力，如果自己忍不住先爆发，会给好事者制造更多的口实，流言传播的速度会更快。在这种情况下，你不妨进行冷处理，无论别人怎么说，相信清者自清，流言自然也会慢慢消散。

（3）学会低调的处世之道

有些人喜欢出风头，觉得只有被人赞扬才意味着自己受到了肯定，心里才会有成就感，因此他们非常在意他人对自己的评价，一门心思讨好他人，希望博得赞美。但是有句话叫“枪打出头鸟”，“出头鸟”的锋芒往往会刺伤周围的人，让人避之不及，有时还会成为众矢之的，在竞争中首先被踢出局。

竞争的胜利靠的是实力而不是他人的评价，如果过于在意他人的评价并为此花费大量的时间和精力是不值得的。面对一时的荣辱得失，我们不妨进行冷处理，把所有的精力放在如何提高自己的实力上，只有积蓄实力，你才能在竞争激烈的社会立于不败之地。

4　得饶人处且饶人，给别人退路就是给自己留后路

在人际交往中，因为每个人的智慧、经验、生活背景、价值观都不相同，

因此与人相处免不了有一些分歧，直接导致一系列的争斗，不管是利益上的争斗还是是非上的争斗。这种争斗在竞争异常激烈的现代社会更是司空见惯。

有很多人在这种争斗中占据了有利的地位，也就是说得了一些“理”，便不饶人，非逼得对方服软不可。这种做法虽然会让你得到了暂时的胜利，却为下次的争斗埋下了伏笔。

有这样一个寓言故事：

有一头大象在森林里散步的时候无意中踩坏了老鼠的家。大象很惭愧地向老鼠道歉，可是老鼠却对此耿耿于怀，时时刻刻找机会报复大象。

有一天，老鼠看到大象在树下睡觉，边想着报复大象的机会终于来了，于是决定咬大象一口。但是大象的皮很厚，老鼠根本咬不动，无奈之下，老鼠把目标锁定在了大象的长鼻子上。它钻进大象的鼻子里，狠狠地咬了一口。这时大象感觉鼻子一阵刺痛，猛烈地打了一个喷嚏，将老鼠喷出好远，老鼠被摔个半死。

老鼠对来探望它的同伴说：“要记住我的教训，得饶人处且饶人。”

寓言中的老鼠就折射了现实生活中的某些人：他们没理搅三分，得理不饶人，小肚鸡肠。这些人往往为了一些鸡毛蒜皮的小事争论得不亦乐乎，非得分出是非对错，这样做不仅浪费了时间还可能会影响感情，得不偿失。

社交陷阱

“理”是我们说服他人、赢得胜利的有力武器，但是如果仅仅抓住一个“理”，揪住对方的“无理”死死不放，不但让对方下不来台对你产生怨恨，而且也会给周围的人一种不易相处的印象，降低自己的亲和力。

所谓的得饶人处且饶人，就是说虽然自己占了一个“理”字，但是也要给对方留有一定的面子，只要他知道自己是错的就可以了，没有必要非得争出个子丑寅卯来。

我国汉朝时有一个叫刘宽的人，为人宽容仁厚。有一次有人曾错认了他驾车的牛，硬说刘宽的牛是自己的。这要是换了别人，不将那人拿到官府去治罪也要狠狠地揍他一顿，可是刘宽什么也没说，叫车夫把牛解下给了那人，自己步行回家。后来那人找到自己的牛，并把牛还给刘宽，并向他赔礼道歉，而刘宽非但没有责备那人，反而好言安慰了他一番。刘宽的宅心仁厚自然得到了百姓的称赞。当然，我们并不是要求人们能做到向刘宽那样，只是希望人们在一些非原则的问题上能够站在高处，理解别人，宽恕别人。

方法运用

得饶人处且饶人并不是“窝囊”，它给你带来的是对方的感激，周围人的钦佩。如果争论的是重大的是非问题，自然要辨明是非曲直，但是如果是无关痛痒的小问题，忍让后退一步也未尝不可。

我国一直以来的传统都是忍让、克制。俗语说：饶人不是痴汉，痴汉不会饶人。懂得原谅别人的人才是真正的聪明人。丽娜是公司的老员工，在新员工面前有着强烈的优越感，经常将手里的工作分给新同事。新同事小王刚来的时候帮助她做了不少工作，但是随着小王工作量的增加，渐渐就不能帮丽娜了，这让她有了失落感。小王有个不好的习惯就是喜欢在工作的时候吃零食，一次被上司看到了，自然受到了批评。丽娜听到批评之后如得圣旨，逢人就说小王的毛病，甚至也在总经理面前告小王的状。小王自知理亏，只好忍气吞声，发奋工作，最终得到了同事和上司的好评，而丽娜的得理不饶人给同事和上司留下了恶劣的印象。半年之后，小王被提拔为丽娜的顶头上司。这样的结果似乎是意料之中的，如果你选择一个人做同事，你当然会弃丽娜选小王。如果是你提拔下属，当然也会弃丽娜选小王。

贴心忠告

得理饶人，说起来容易做起来难。因为在与人相处尤其是在与竞争对手相处的时候，更容易激起人们的求胜心理。但是如果能给别人留一条退路，也就相当于给自己留了一条后路。那么，当你抓住“理”的时候，应该注意什么呢？

（1）了解得理不饶人的原因

不知道大家有没有这样的体会，当我们不饶人时会具备以下条件：第一，引发你不饶人的事件往往只是一个导火索，而真正的原因是你长期不满情绪的堆积；第二，就是有理，有些事情，本来是能够很好地解决的，但是因为有理的一方占据了天时地利，情绪激动，向无理的一方发脾气；第三，有一个合适的发泄对象也是不饶人的条件，如果有了情绪，占据了“理”字，没有发泄对象也是无济于事。

知道了得理不饶人的原因，你就要自省了。人都有犯错误的时候，你的得理不饶人也可能会换来别人对你的“不饶”，这样就会给自己日后的工作和生活带来隐患。

（2）克制愤怒

心里的愤怒是得理不饶人的燃点，一触即发。虽然发泄自己的愤怒是不错的办法，但是也要讲究方式。遇到不顺心的事就发脾气，得理不饶人的人不会有知心朋友，即使有也会慢慢疏远你。当感到愤怒的时候不妨用运动发泄自己的情绪或者做自己喜欢的事转移情绪，总之得理不饶人是最愚蠢的发泄方式。

（3）给别人退路就是给自己后路

如果“得理”，那么适当地发泄一下也是允许的，但是一定要记住给对方留下退路。因为善待别人也是善待自己，给别人退路的同时也给自己留下了后路。人要能站到高处，往远处想，便能理解别人，宽恕别人。

5　合作双赢好过两败俱伤

每个人在与对手竞争的时候，脑袋里想的都是怎样将对手打败，却很少想到合作双赢。古语说得好：“智者千虑必有一失，愚者千虑必有一得。”在这个充满竞争的社会里，每个人都有着与众不同的本领，每个人都不能忽视。

相信大家都听过这样一个故事：

一只河蚌张开蚌壳在河滩上晒太阳。正当河蚌在暖暖的阳光底下渐渐放松警惕的时候，飞来了一只鹬鸟，伸嘴去啄河蚌的肉。河蚌马上把蚌壳合起来，紧紧夹住鹬鸟的嘴巴。

河蚌和鹬鸟就这样僵持起来，谁都不肯让步。鹬鸟想：“今天不下雨，明天不下雨，就会有死蚌肉。”河蚌想：“今天不放你，明天不放你，就会有死鹬鸟。”但是它们的如意算盘都没有实现，因为一个渔夫看见了这种情况，不费吹灰之力就把它们抓走了。

这就是恶性竞争的后果：两败俱伤。人无完人，要想在某方面取得成功，总是少不了他人的支持。

社交陷阱

很多人将对手视为洪水猛兽。两两相争，必有一伤，甚至是两败俱伤。但是如果我们能换一种角度，各取所长，两两互补，可能会取得1+1＞2的效果。

合作，似乎只存在于伙伴、同事之间，与竞争对手之间的合作并不多见。如果我们都能后退一步，化干戈为玉帛，结果要远远好于鱼死网破的竞争。在美国，有很多高速公路都是在荒无人烟的沙漠中穿过，在这样的公路上行驶时，一旦发生汽车抛锚、油被耗尽的情况，司机只能在沙漠中等待其他过路车辆的救援。

有一个聪明人约翰看到了商机，他在一条公路旁修建了一家小型加油站，提供加油、修车等服务。因为沿途只有这一家加油站，因此他的生意非常火爆。

约翰的邻居杰克见状非常羡慕，准备在约翰加油站旁边也开一家，希望也能大赚一笔。但是父亲却极力阻止，并建议他开一家小旅馆，或许更能获利。父亲是这样说的：“约翰的加油站已经能够满足过往车辆的需求了。如果你再开一个，肯定会形成恶性竞争。而开家小旅馆，则是和他互利，并会开发出另一片市场。”杰克觉得父亲说得对，也听从了父亲的建议。于是，司机们在这条公路上不仅可以加油也能到小旅馆吃饭、休息一下。约翰和杰克的生意也越做越兴隆。

我们试想一下，如果杰克也开一家小型加油站，那么两个加油站肯定会陷入无休止的恶性竞争中。两个加油站为了争夺客人，势必会进行降低价格、提供更多服务等一系列竞争，这样一来就会减少各自的利润，得不偿失。而开一家旅馆，司机加油、修车的等待时间就可以去休息一下，司机在休息的同时也可以顺便去加油，互惠互利。

取长补短是合作的最佳方式，因此你在与对手合作的时候，一定要分析自己和对手的优势和劣势。如果拿出自己的劣势与对手合作，那么你非但收获不到成功，还会让对手轻视。

从心理上讲，一般人都有一种互惠心理，即得到别人的好处之后就想着要回报对方，礼尚往来就是这个意思。你的对手也不例外，如果你给予对方一些好处，对方也会有所表示。在第一次世界大战中，发生了这样一件事：

德国有一种特种兵的任务是深入敌后去抓俘虏回来审问。有一个特种兵以前曾经多次顺利完成任务，这次他又熟练地穿过两军之间的区域，出现在敌军的战壕中。一个落单的士兵正在吃东西，毫无戒备，一下子就被俘虏了。他手中还举着正在吃的面包。这时，他本能地把一些面包递给突如其来的德国兵。面对这一举动，德国兵很震惊，结果，他释放了这名俘虏，虽然他将会受到上司的惩处。

是什么原因导致德国兵释放了俘虏呢？就是因为这种互惠心理，让他产生既然得到了别人的恩惠，就应该向对方施以帮助。而释放俘虏，就是他当时唯一能做的了。试想一下，在硝烟弥漫的战场，一片小小的面包尚且能够打动人心。那么，在我们的生活中，你是不是也可以用一点小小的恩惠打动自己的对手呢？

贴心忠告

美国著名拳击手杰克每次比赛前都要做一次祈祷，朋友问道："你在祈祷自己打赢吗？""不，"杰克说道，"我只是祈求上帝让我们打得漂漂亮亮的，都发挥出自己的实力，最好谁都不要受伤。"这就是双赢的智慧。

（1）公平是合作的基础

要想实现合作双赢，双方就应该在平等的前提下进行沟通，这样才能达到预期的效果。如果没有公平、平等的氛围，位置较高的一方会居高临下，使另一方不舒服。位置较低的一方当然也会心存不满，不会全力以赴。这样一来，信息的传递就会大打折扣，合作也达不到理想的目标。

（2）发挥倾听的作用

在合作的过程中，双方肯定会针对一些问题进行讨论。在沟通中，当对方发表意见时，你一定要认真倾听，切忌打断对方或者插话，更不要对对方的观点妄加评论。你一定要听清楚对方的观点，必要时进行询问或者记录。在对方说完或者得到对方的允许之后才能发表自己的观点和提出自己的意见。这样，对方就会觉得自己是被尊重的，合作也会更顺利。

（3）对事不对人

如果在合作中双方的意见出现分歧，在与对方的辩论中，你要就事论事，不能进行人身攻击。你要根据事情本身的利害关系向对方解释清楚，以得到其理解和支持。

6 是对手也是朋友，微笑留在脸上，较劲放在心里

在生活节奏日益加快的今天，竞争也越来越激烈，一不小心就会丧失晋升的机会、赚取财富的机会等等。因此有很多人把身边的对手视为眼中钉、肉中刺。他们总是抱着这样的心态：只要身边没有了竞争对手，那么所有的机会就都是自己的。但是真正聪明的人从来不惧怕竞争对手，反而从竞争对手那里找到进步的动力，因为他们知道没有竞争对手对自己也没有什么好处，甚至还会让自己失去不少东西。

其实懂得与对手和谐相处的人才是拥有大智慧的人。因为在与对手相处的过程中，你会看到对手的弱点，以警醒自己；你还可以看到对手的优点，以完善自己。因此，我们甚至可以这样说，对手也可以是朋友。

社交陷阱

我们和竞争对手之间往往存在着非常微妙的关系，由于情况的不断变化，有时对手的关系大于朋友，有时朋友的关系大于对手。如果我们一味把对手当作死对头，当有共同利益的时候，对手也不会考虑与我们合作，会给自己带来一定的损失。

如果我们自己成功了，一定是欢欣雀跃，而对手成功了，你会有什么反应呢？不屑、妒忌还是质疑？其实，如果面对对手的成功，你能由衷地说一句恭喜，将是一件非常有气度的事。

有人可能觉得为对手的成功喝彩会加强自己的失落情绪。其实并非如此，在对手成功时，你的喝彩是最好的礼物。1992年美国共和党总统布什和民主党候选人克林顿以及独立党候选人佩罗竞选美国总统。在一番投票之后，克林顿以接近一半数量的公选票和370张选举人票当选为美国第42任总统。克林顿在当选总统后曾参加他的支持者举办的聚会。在聚会上，身在异地的布什通过电话祝贺克林顿当选总统成功，并表示自己会和白宫各级人士共同努力，全力以赴做好交接工作。为对手喝彩，不是示弱的表现，反而是表达了自己的自信和气度。

方法运用

为对手喝彩，既是一种鼓励，也是一种自信，更是一种风度。因此我们要不吝惜为对手喝彩，既能赢得对手的尊重，也能为自己迎来更多的友谊与合作。

很多人绞尽脑汁除掉竞争对手，却从来没想过怎样与之共处。其实，与其想尽办法把对手踩到尘埃里，不如与之和谐相处。一家公司招聘，最后有三名相对不错的应聘者留到了最后一轮面试。面试的题目只有一个：你们三个人一同去沙漠探险，然而糟糕的是在你们返回的时候车子抛锚了，可是还有很远的路程才能走出沙漠。现在有七种东西可供你们选择：镜子、刀、帐篷、水、指南针、火柴、绳子。条件是每人只能选择四种，并且水只有一瓶，帐篷只能睡两个人。

面试官要求应聘者把答案写在纸上。A想防人之心不可无，必须带把刀。只有一瓶水，帐篷也只能睡两个人，如果那两个人为了争夺水和帐篷害我呢？帐篷和水是不可或缺的，火柴也很重要。因此他选择了刀、帐篷、水、火柴。

B想除了他们三人，沙漠里不可能有生命，因此刀就没有必要了。帐篷虽然只能睡两个人，但是他们可以轮流站岗。水虽然只有一瓶，但是可以节约一些。火柴必不可少。如果风沙很大的话，可以用绳子将三个人绑在一起以免走失。于是他写下了帐篷、水、绳子、火柴。C的想法与B不谋而合。最后通过面试官的单独提问，三个人都把自己的想法说了出来，最后B和C通过了面试，成为了公司员工。

一个人能不断取得进步，与对手也有着密切的关系。因为只有不断超越对手，你才能取得胜利。人与人之间需要竞争，但是也需要和谐的关系。只有在和谐的氛围下的竞争，才更能推动社会的不断发展。

贴心忠告

我们要想发展，竞争是不可避免的。因为在竞争的过程中，我们要努力汲取知识和技能，让自己变得强大，才能打败竞争对手，让自己在竞争中独占鳌头。我们可以这样说，人的一生都在竞争，学习时与同学竞争，工作时与同事竞争，恋爱时与情敌竞争……但是当面对竞争对手的时候，我们应该怎么做呢？横眉冷对还是冷嘲热讽？其实都没有必要，因为换个角度看，对手也是另一种朋友，他能激励我们不断向更高的目标奋斗。

（1）面对对手，也不要吝惜你的微笑

很多人在看到对手时如临大敌，神经紧绷，甚至周围的人都能感受到其剑拔弩张的紧张气氛。这其实也大可不必。在面对对手的时候，如果你能够报以友好的微笑，不仅让周围的人感受到你的大度与自信，还会让对手钦佩你的豁达。反言之，你越是紧张对手，人们越是会觉得你畏惧对手，甚至连对手都轻视起你来。

给对手一个微笑，并不是一件困难的事，但是却能让人们感受到你的宽容和大度，何乐而不为呢？

（2）要友好，也不能放松竞争

与对手保持良好的关系是必要的，但是你头脑里一定要时刻绷紧一根弦，那就是他是你的对手，可能你上一秒还在与他谈笑风生，下一秒就站在了针锋相对的对立面。如何赢得竞争的胜利是你最应该关心的问题。

人们常用“明修栈道，暗渡陈仓”来表示声东击西，暗中储藏力量赢得胜利。你也应该这样，暗中积蓄力量，在与对手的竞争中展现自己的实力。